〈琉球の歴史〉ビジュアル読本

誰も見たことのない琉《りゅう》球《きゅう》

《文・イラスト》『目からウロコの琉球・沖縄史』
上里隆史

まえがき　琉球の歴史ビジュアル読本

目からウロコの、誰も見たことのない琉球

「琉球の歴史の常識が、面白く変わります！」

琉球王国時代の歴史を、目からウロコのエピソード満載で紹介した前作『目からウロコの琉球・沖縄史』は、おかげさまで多くの方々に読まれて、琉球・沖縄の歴史研究の最先端のエッセンスを、一般の読者の方々にも伝えられたのではないかと思います。歴史研究者の間では常識でも、一般の方々には読んでびっくり、琉球・沖縄の姿だったようです。

さて今回はさらに、目からウロコな内容を皆さんに紹介したいと思います。

本書は【琉球の最新歴史ビジュアル】ということで、今からおよそ400〜700年前の沖縄、「古琉球」という時代（日本では室町時代に相当）を図解・イラスト化するものです。さらに「最新歴史ビジュアル　世界遺産のグスク」と「目からウロコ」な琉球歴史コラムも収録しています。

巻頭イラスト「これがリアル古琉球だ！」を見た皆さんは、おそらくビックリされたことでしょう。「こんなの琉球じゃない！」「イラストはフィクションじゃないのっ…!?」と思う方もいることと思います。たしかに私たちが知ってる琉球の歴史イメージとは、はるかにかけ離れた姿です。でも巻頭イラストは近年の研究や資料をなるべく忠実に再現した結果、描かれた「リアル」な姿なのです。

建物は板ぶきと灰色瓦の屋根だった！　赤瓦はなかった！
ヤマト仏教（禅宗）やヤマト芸能（能や狂言、連歌）がさかんだった！
亀甲墓やシーミー（清明祭）、トートーメー（沖縄式の仏壇・位牌）はなかった！
船は中国式ではなく、和船タイプだった！
古琉球で肉といえばブタではなくウシだった！

巻頭イラストにあげた例をここでいくつかあげてみましたが、これらは研究界ですでに明らかにされている事実です。にわかには信じられないかもしれませんが、それも無理はありません。なぜなら今回、初めて古琉球の姿をビジュアル化するからです。つまりこの本は、かつて誰も見たことのない琉球の姿を再現する試みなのです。

「古琉球」という未知の世界をもっと詳しく知りたい方は、これから始まる「最新歴史ビジュアル」編を読んでみてください。わかりやすいイラスト・図解ですから、琉球の歴史について知らない方でもとっつきやすいと思いますし、また琉球の歴史を勉強されている方でも、これまで古琉球の歴史・社会についてまとめた本はあまりありませんでしたから、ハンドブックとしても使えるのではないかと思います。

「最新歴史ビジュアル・世界遺産のグスク」は、世界遺産のグスク観光の際にガイドブックとしてお使いください。道案内になるとともに、より深く世界遺産の魅力を知ることができます。もちろん、前作同様の「目からウロコ」な歴史コラムもまだまだ健在ですので、読み物もお楽しみください。

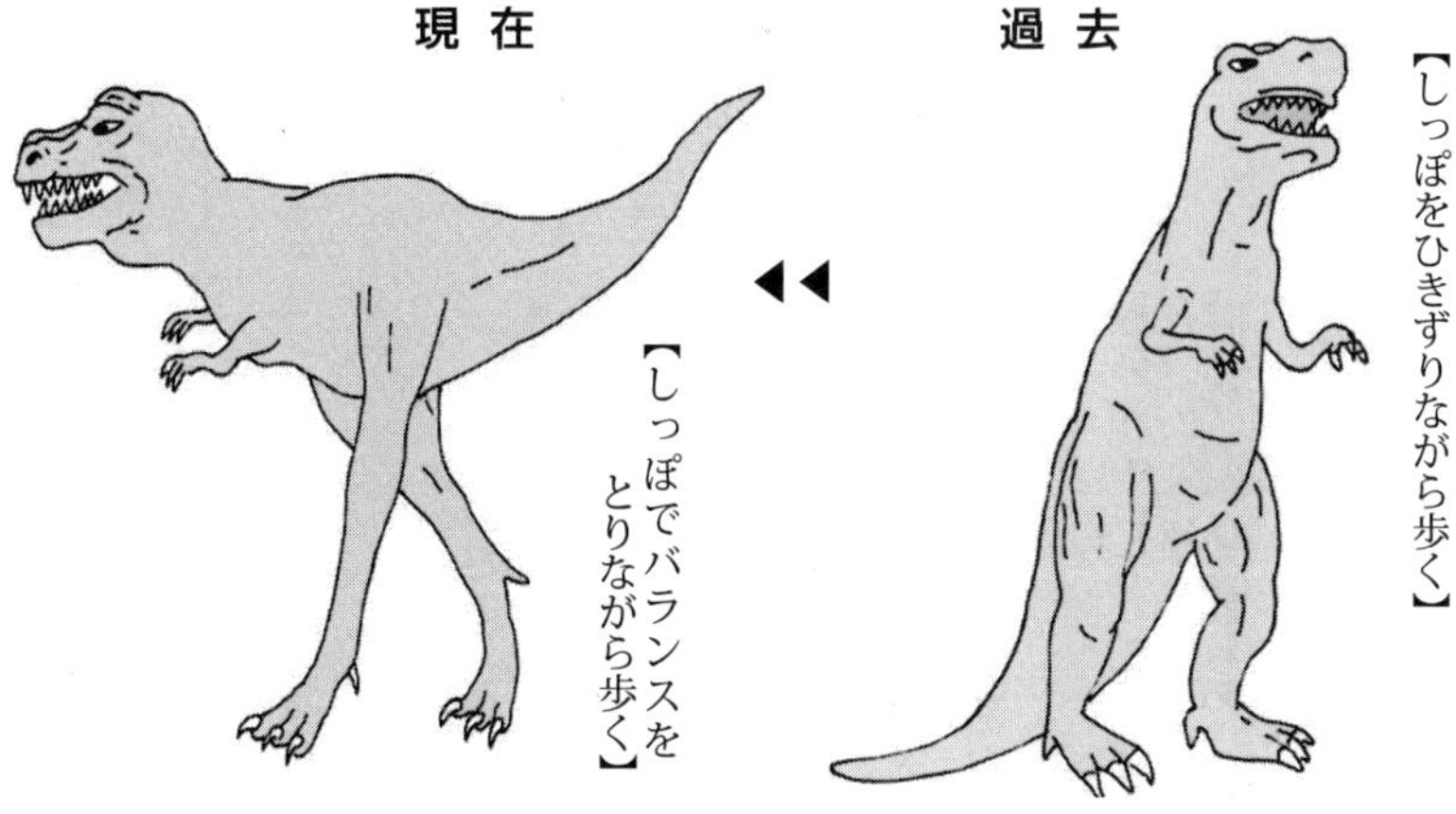
現在
【しっぽでバランスをとりながら歩く】
過去
【しっぽをひきずりながら歩く】

ちなみにこの本の文・イラスト・図解はほぼ全て僕が作成したものです。僕はプロのイラストレーターではありませんから、お粗末なイラストの出来かもしれません。しかし時代考証をした本人がそのままイラストとして情報を具体化する利点を考えて、恥をかえりみずにあえて描いてみました。

ただ、イラストに関してはひとつ注意していただきたいことがあります。まず上の恐竜のイラストをご覧ください。それぞれ現在と過去に描かれたティラノサウルスの復元図です。一見してわかるように、恐竜の姿が違っています。研究が進んだ結果、骨の構造や筋肉のつき具合などからより本物に近い姿に変更されたのです。つまり、復元イラストは絶対のものではなく、あくまでも現時点の仮説にもとづいて作成されているということです。僕が作成した古琉球のイラストもなるべく確かな情報にもとづいて再現したつもりですが、新たな史料や解釈によって、簡単に変わってしまうということを心にとめておいていただければと思います。

それでは誰も見たことのない、神秘のベールにつつまれた古琉球の世界を存分にお楽しみください。

カラー大図解
これが古琉球だ！
イメージ古琉球とリアル古琉球

最新歴史ビジュアル
世界遺産のグスク

最新歴史ビジュアル
古琉球の世界

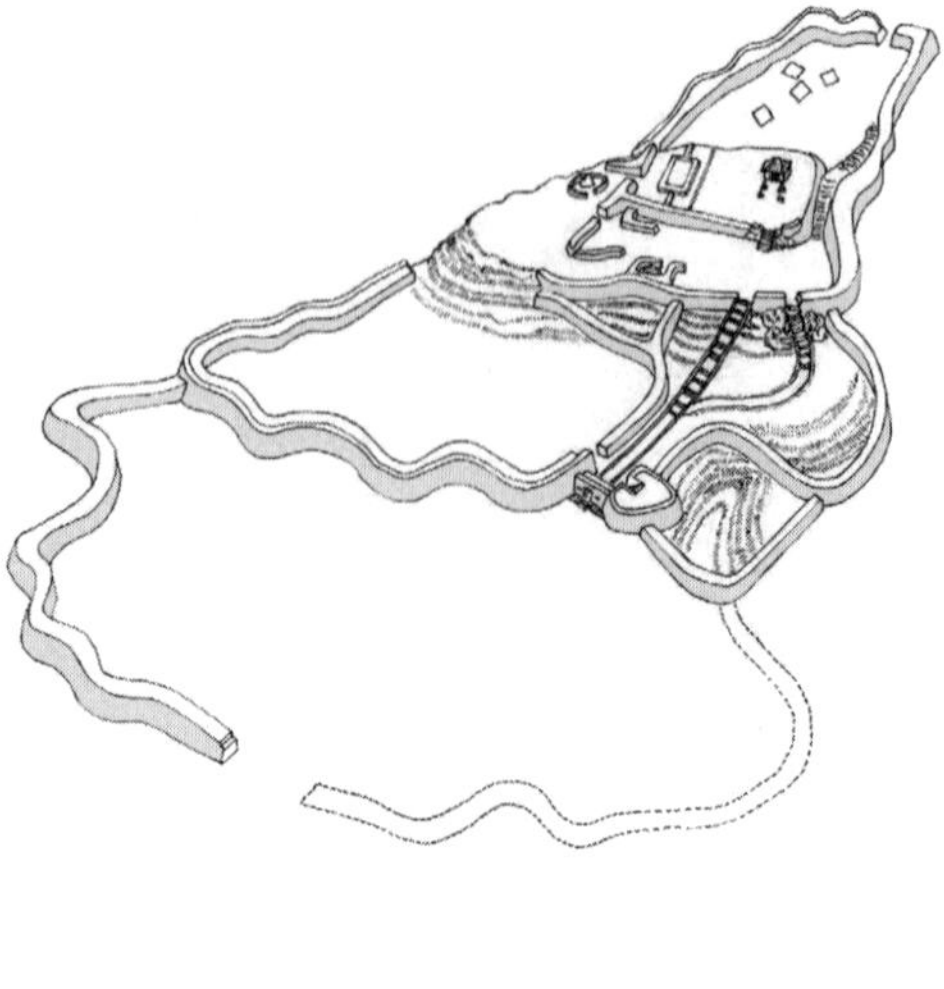

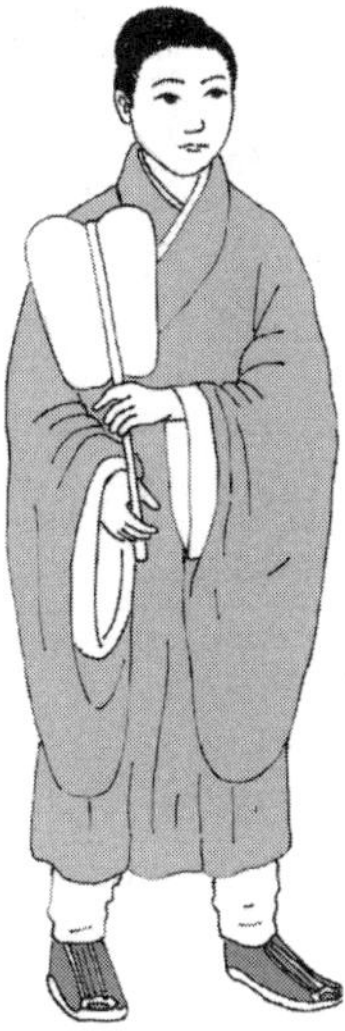

最新歴史コラム
またまた、目からウロコの琉球史

最新歴史ビジュアル

世界遺産のグスク

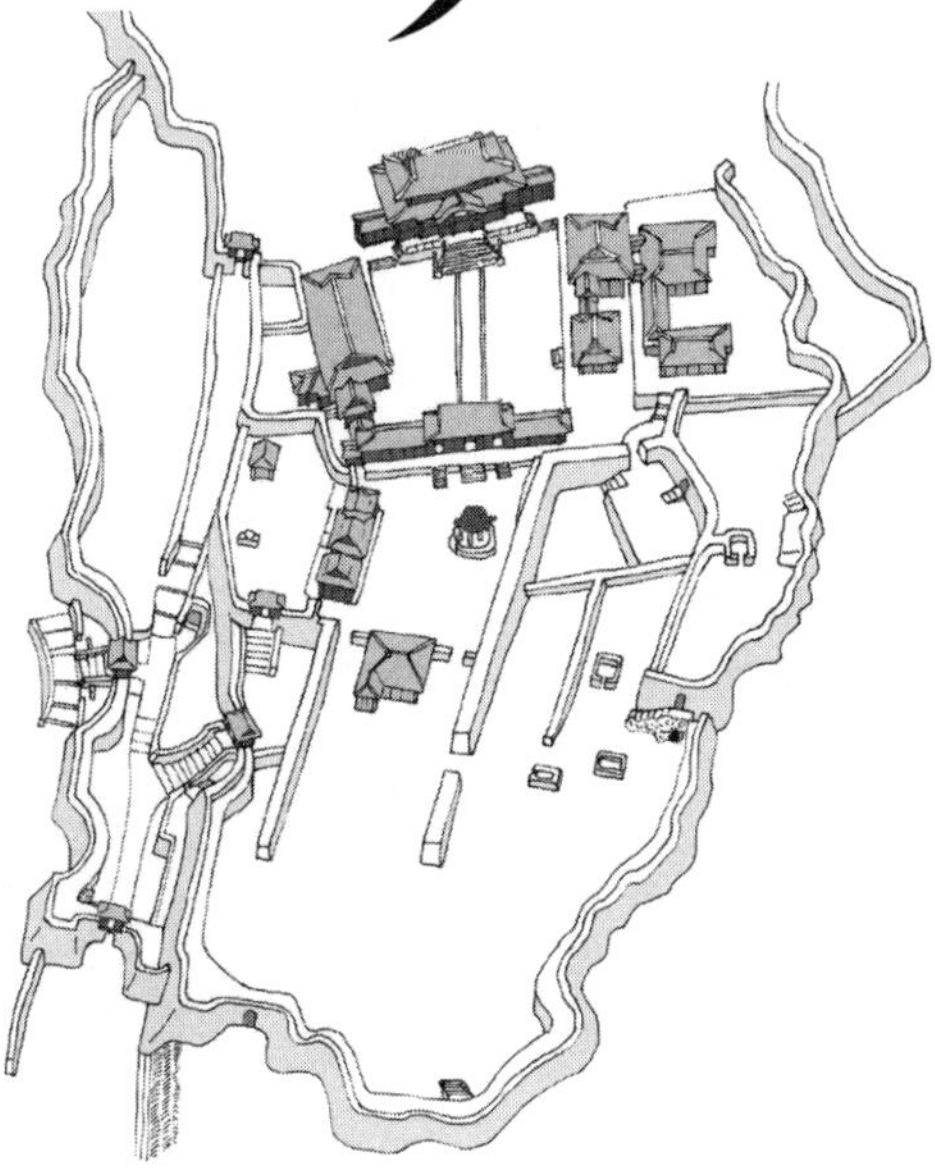

「グスク」とは何か

グスクとは南西諸島にある独特の遺跡のことで、一般に「城」として考えられています。しかし必ずしもそうではない面があります。世界遺産に指定されたようなグスクは、全体のごく一部にすぎません。グスクは奄美から先島までの範囲に400以上あって、その大部分はただの岩や墓だったり、石積みがあっても人の背丈もない高さで狭い場所を囲ったりと、どう考えても「城」ではないグスクもあるのです。石積みの「城」のようなグスクは例外的なもので、全体の数パーセントほどしかないのです。

首里城のような大きなグスクのなかにも、「御嶽」のような聖地があったりします。この聖地は首里城の後に出来たのではなく、最初にこの聖地があって、その周りに城を築いたと考えられています。

グスクは、原初は小さな聖地に簡単な石積みを囲っただけだったり、集落だったりしたものが、やがて発展していって、按《あ》司《じ》(首長)の居館となり、王の宮殿となっていったのです。

また最近の調査では沖縄島北部や奄美地域に日本の中世城郭のような「土でできたグスク」がたくさんあることがわかってきました。浦添グスクや勝連グスクでは、石積みの外に土塁や柵の跡、水堀・空堀などが発見されています。どうやらグスクは想像以上に様々なカタチをしていたようです。

布積みと野面積みを併用する糸数グスク(南城市)

大規模な野面積みが残る上里グスク(糸満市)

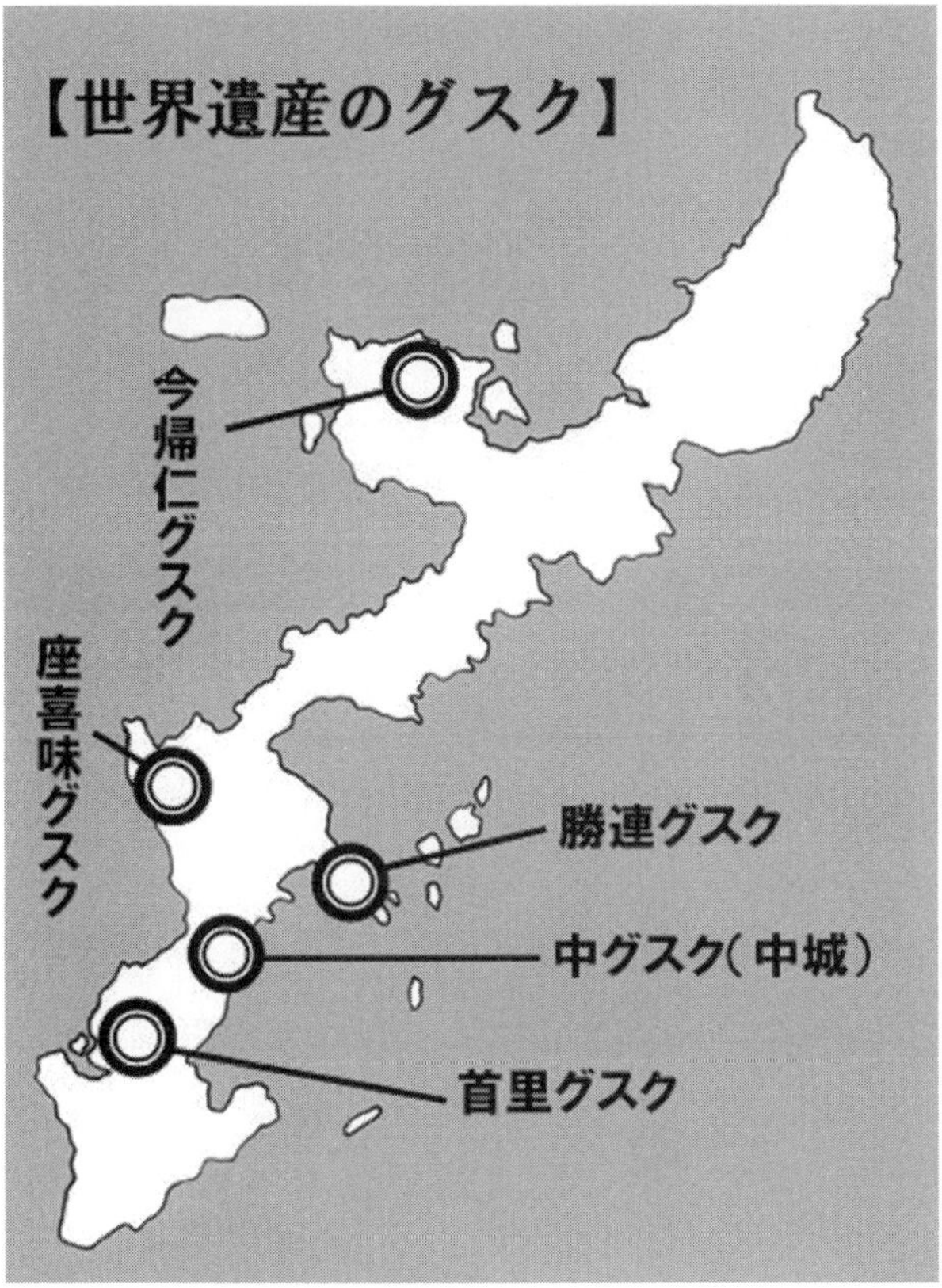
【世界遺産のグスク】
今帰仁グスク
座喜味グスク
勝連グスク
中グスク（中城）
首里グスク

世界遺産に指定されたグスクは全部で５つ。それらはすべて古琉球時代、有力な按司（首長）の拠点となったり、王の居城として発達した大型グスクです。

グスクの石積みのほとんどは「琉球石灰岩」と呼ばれる石で造られていますが、この石は加工しやすく、そのため日本より石積みの城郭が早く発達しました。

大型グスクは戦乱の時代に築かれたため、様々な防御のための工夫がほどこされています。グスクの特徴である曲線を描く石垣も、実は防御のためのものなのです。

【グスクの石積み】

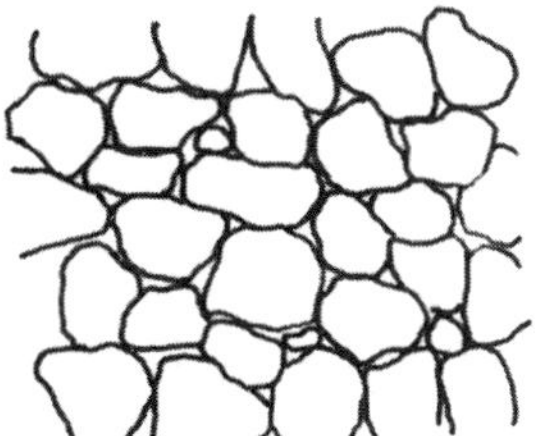

野面《のづら》積み

自然石を乱雑に積んだ原始的な石積み。

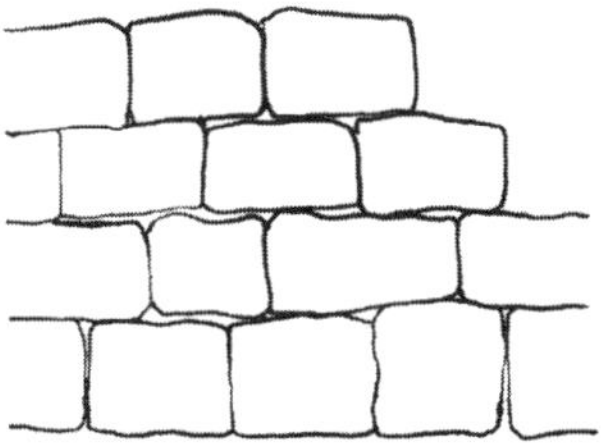

布《ぬの》積み

切石をレンガのように積んだ石積み。

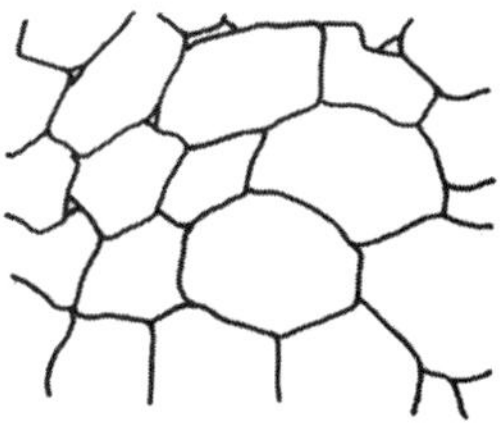

相方《あいかた》積み

亀甲型の石を合わせる高度な石積み。

首里城(首里グスク)は琉球国王の居城で、グスクの頂点に立つ沖縄県内最大のグスク。14世紀の察度《さっと》王代に築城されたという伝承ですが、実際に存在が確認できるのは第一尚氏王朝の1427年から。以後500年にわたって琉球の中心であり続けました。正殿は「百浦添御殿《ももうらそえうどぅん》」と呼ばれ、中国の宮殿と日本の建築様式をミックスさせた琉球独特のもので、県内最大の木造建築物でもあります(1712年創建のものを復元)。1945年の沖縄戦で焼失し、跡地は戦後、琉球大学として使用されていましたが、多くの人々の努力によって1992年、復元されました。

首里グスク

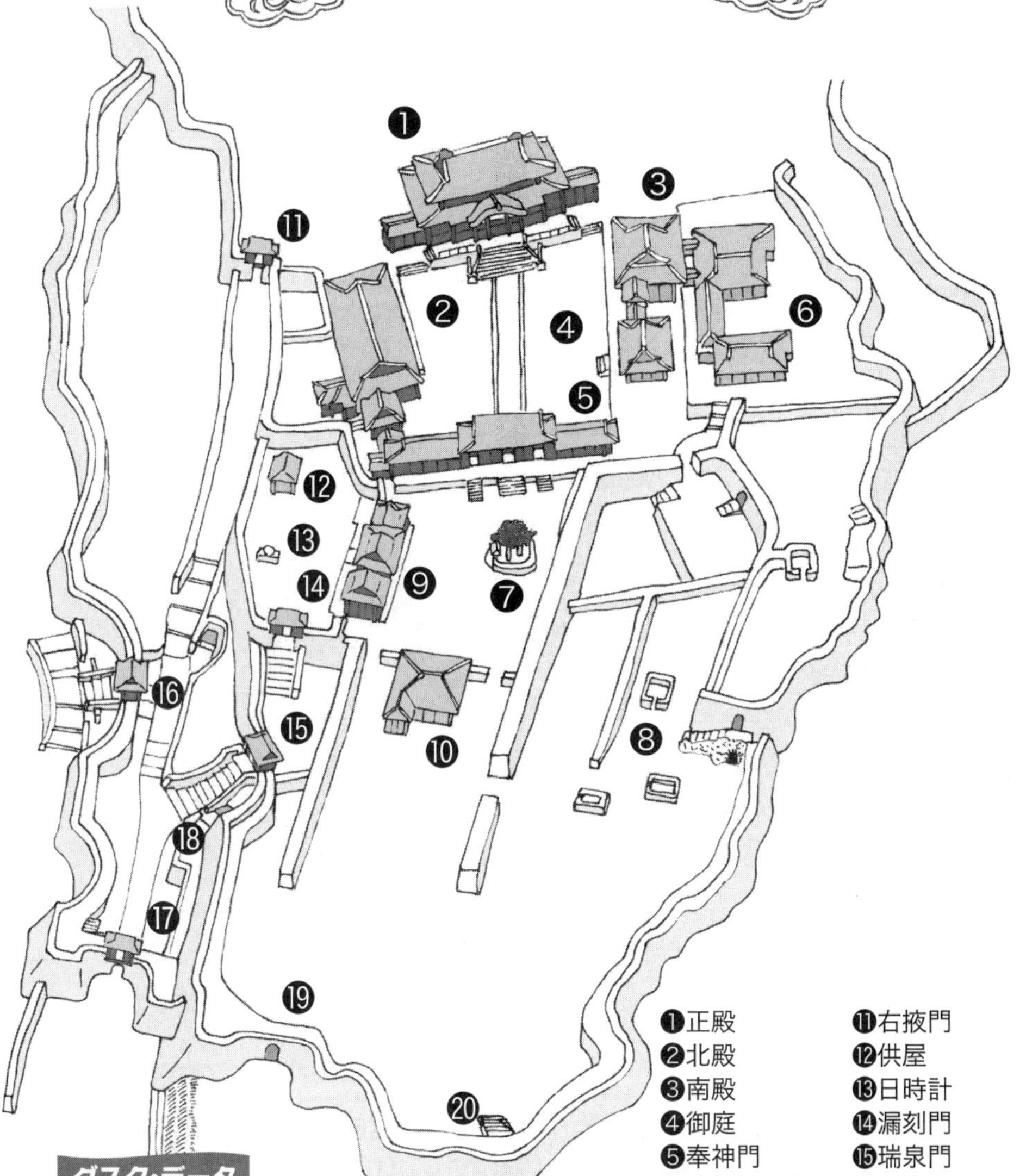

グスク・データ

年代：14〜20世紀
面積：約47000平方メートル
石積み：布積み、相方積み
建物：正殿、櫓門ほか多数。赤瓦屋根。

❶正殿
❷北殿
❸南殿
❹御庭
❺奉神門
❻書院・鎖之間
❼首里森御嶽
❽京の内
❾広福門
❿系図座
⓫右掖門
⓬供屋
⓭日時計
⓮漏刻門
⓯瑞泉門
⓰久慶門
⓱歓会門
⓲龍樋
⓳木曳門
⓴西のアザナ

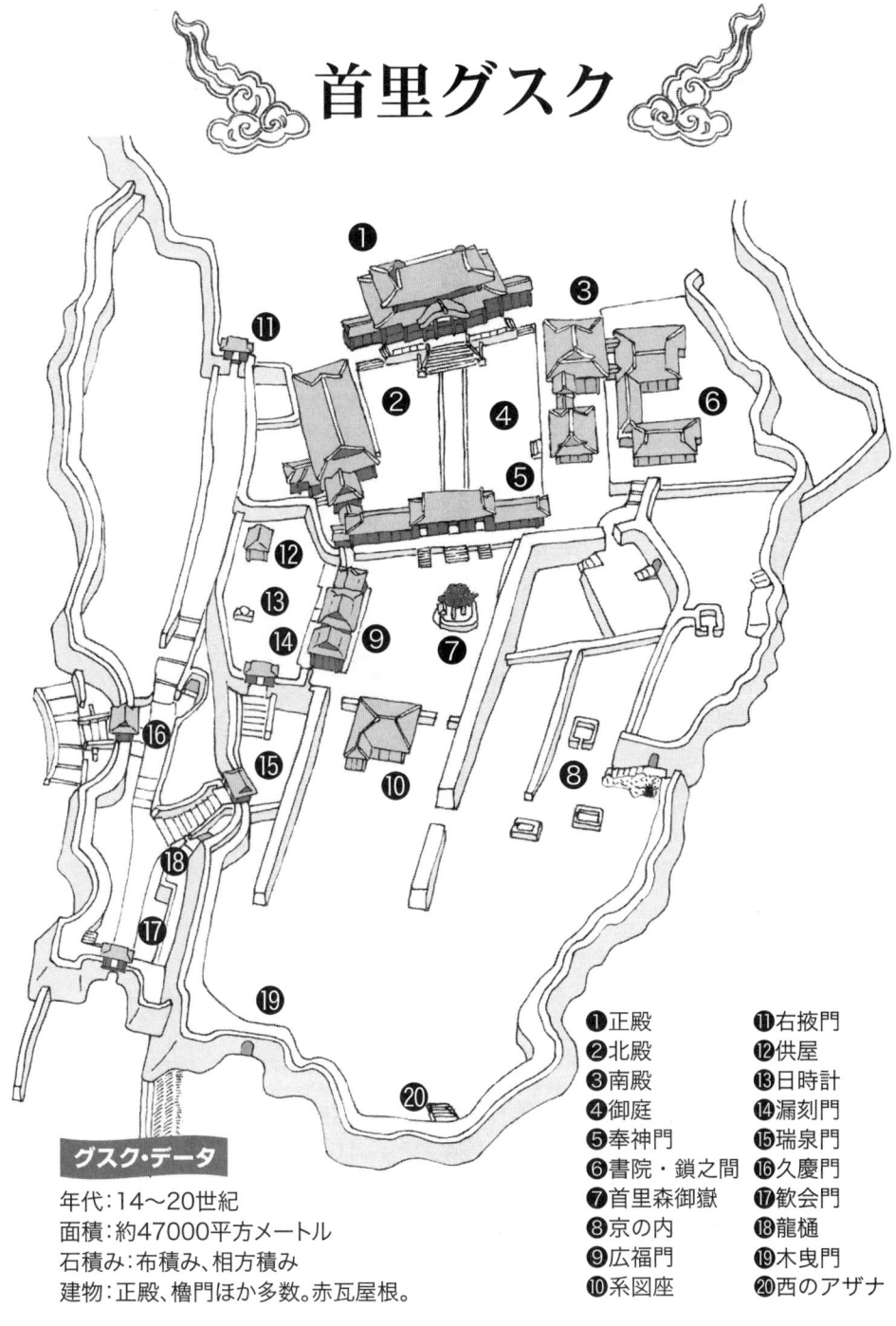

グスク・データ

年代：13～17世紀
面積：約40000平方メートル
石積み：野面積み（古生代石灰岩）
建物：現存せず。本郭に基壇・礎石建物、志慶真郭に掘立柱建物の跡。板ぶき・茅ぶき屋根と推定。

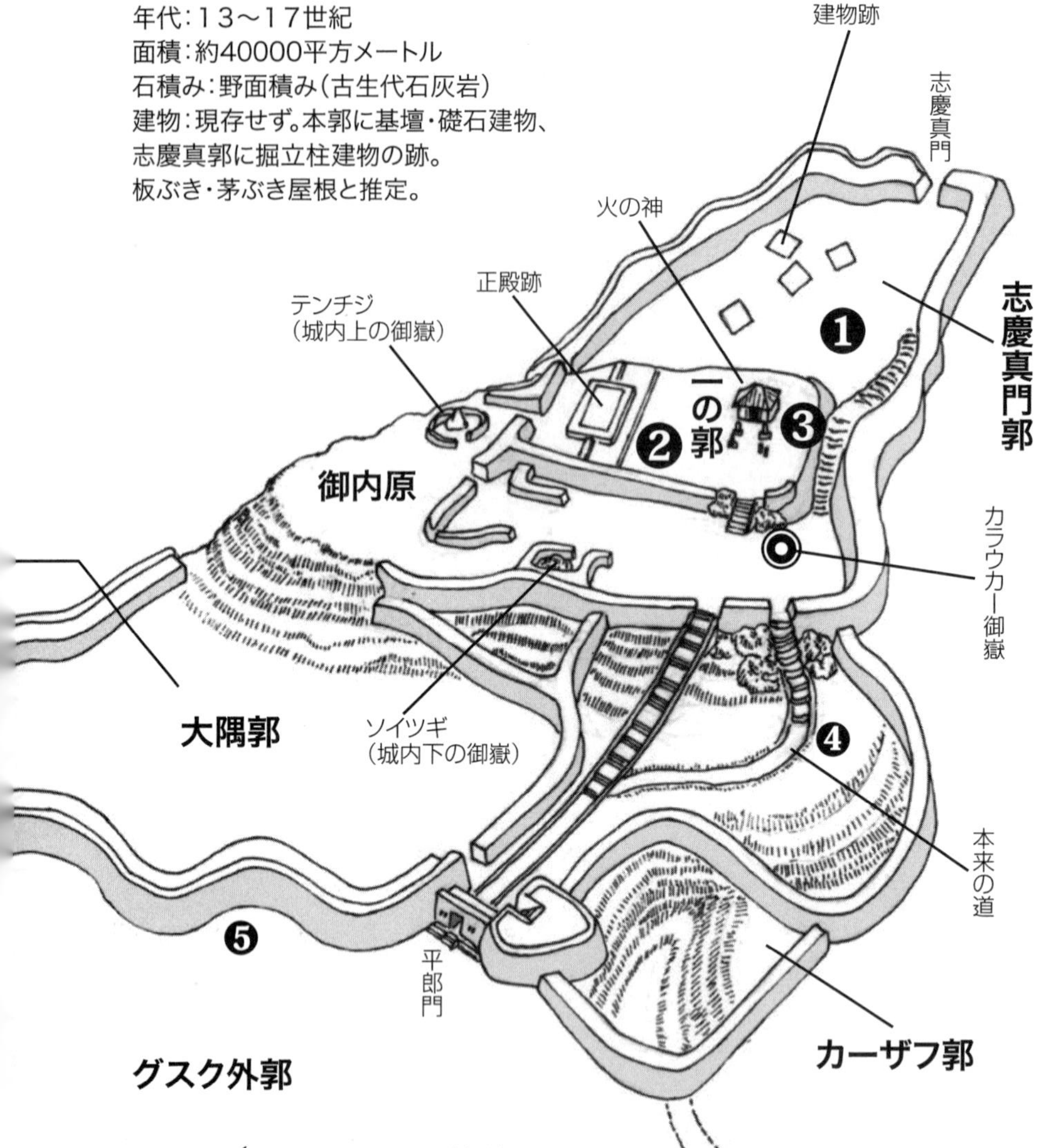

今帰仁グスクは山北《さんほく》王・山北監守の居城で、８つの郭で構成された北部最大、難攻不落のグスクです。1609年、薩摩島津軍の侵攻を受け、1665年に山北監守が首里へ引き揚げ廃城となりました。グスク外には監守の引き揚げにともない廃された城下町（集落跡）がタイムカプセルのように残されています。

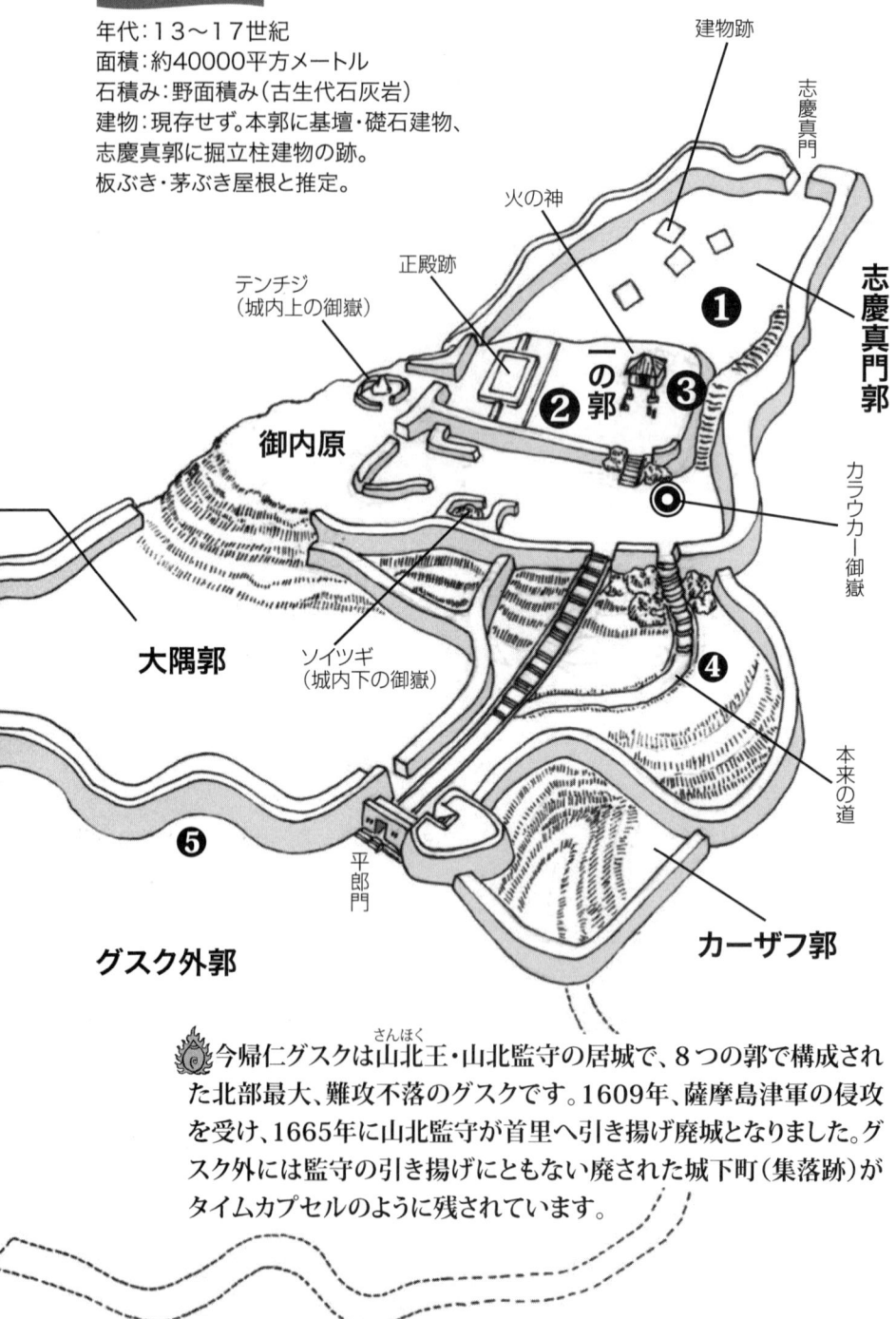

今帰仁グスク

❷

❶

❸

❹

❺

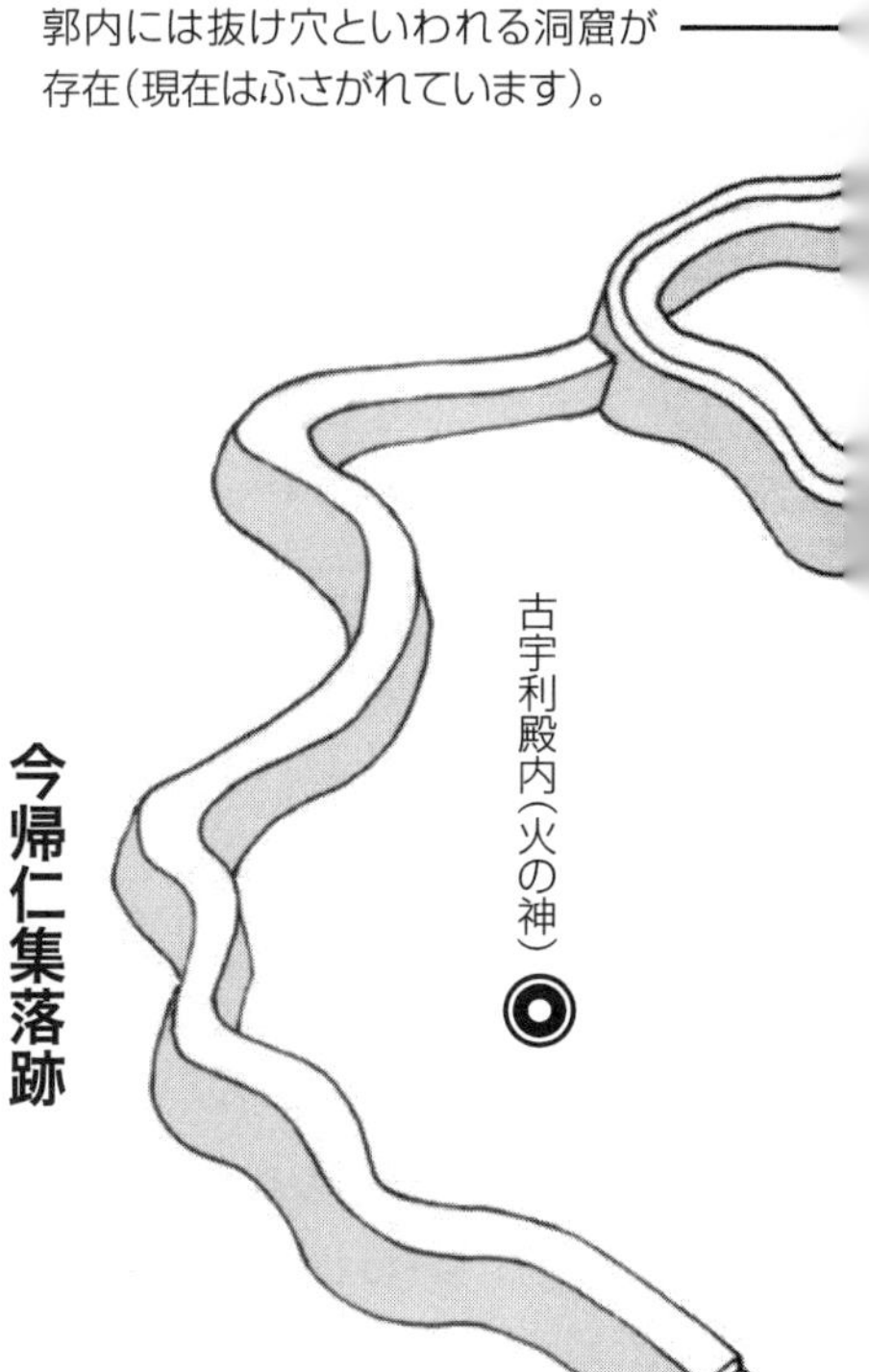
郭内には抜け穴といわれる洞窟が
存在(現在はふさがれています)。
古宇利殿内(火の神)
今帰仁集落跡

座喜味グスク外郭の門。アーチ式の門は沖縄最古のものとされています。石積みが曲がりくねっているのは、侵入する敵を攻撃しやすくするための防御的な工夫です。

座喜味グスク内郭の門。長い階段の上に造られています。石積みは「布積み」と「相方積み」と呼ばれる新旧の積み方が混ざっていて、技術革新の過渡期に造られたグスクだったと考えられます。

座喜味グスク内郭(一の郭)にある建物跡。柱を支える礎石が残されています。調査によるとこの下からも建物跡が見つかっていて、写真の建物跡は改築されたものであることがわかります。

座喜味グスクは15世紀、山田按司の護佐丸《ごさまる》による築造といわれています。グスクは二つの郭で構成され、一の郭には礎石・基壇付きの建物跡が残されています。本グスクの大きな特徴は、石積みを湾曲させ極端なかたちで張り出したり、袋小路へおびき寄せる道路をつくるなど、優れた防御的構造を持っていることです。

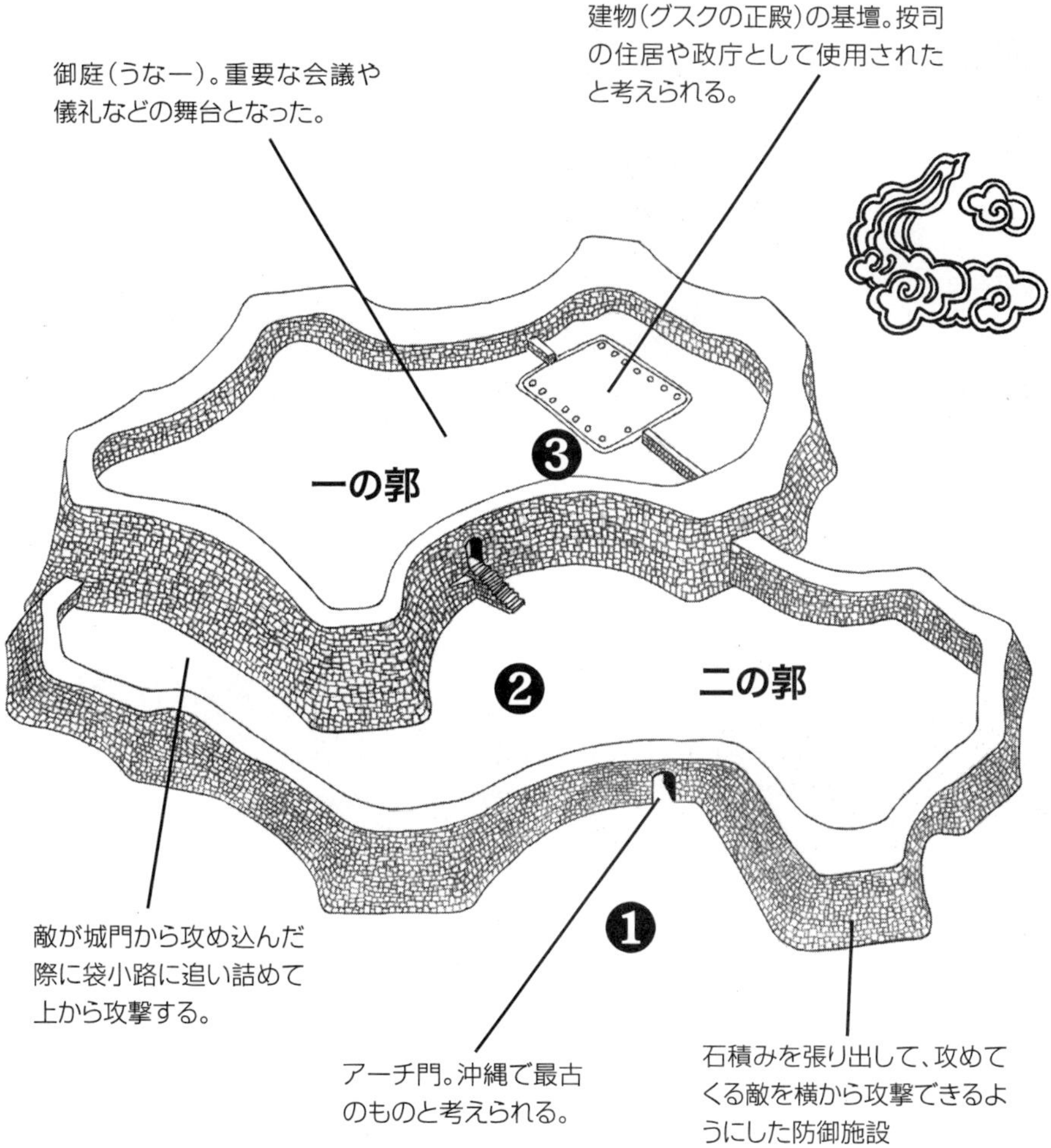

建物（グスクの正殿）の基壇。按司の住居や政庁として使用されたと考えられる。
御庭（うなー）。重要な会議や儀礼などの舞台となった。
一の郭
3
2
二の郭
1
敵が城門から攻め込んだ際に袋小路に追い詰めて上から攻撃する。
アーチ門。沖縄で最古のものと考えられる。
石積みを張り出して、攻めてくる敵を横から攻撃できるようにした防御施設

グスク・データ

年代：15～16世紀頃
面積：約6800平方メートル
石積み：布積み・相方積み
建物：現存せず。礎石・基壇建物あり。板ぶき屋根と推定。

座喜味グスク

❶ 中グスクの正門。本来はここが玄関口。櫓をのせる形式の門。

❷ 一の郭の建物跡（正殿）。近代まで役場として使用された。

❸ 中グスクの裏門。アーチ門形式。

❹ 三の郭。グスクではここだけ石垣が「相方積み」。

中グスク（中城）は沖縄のグスクで最もよく保存されているグスクの一つです。15世紀に座喜味より移った護佐丸の居城と伝えられています。一の郭・二の郭は古い布積み、三の郭は新しい相方積みで、後に三の郭が増築されたようです。護佐丸の滅亡後は第二尚氏の中城王子の領地、近世は間切番所、近代は村役場、戦後は遊園地など、現代まで様々な用途で使われ続けたグスクでした。

中グスク（中城）

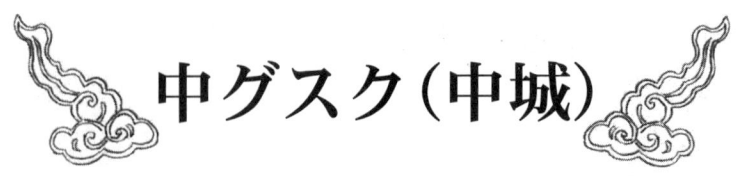

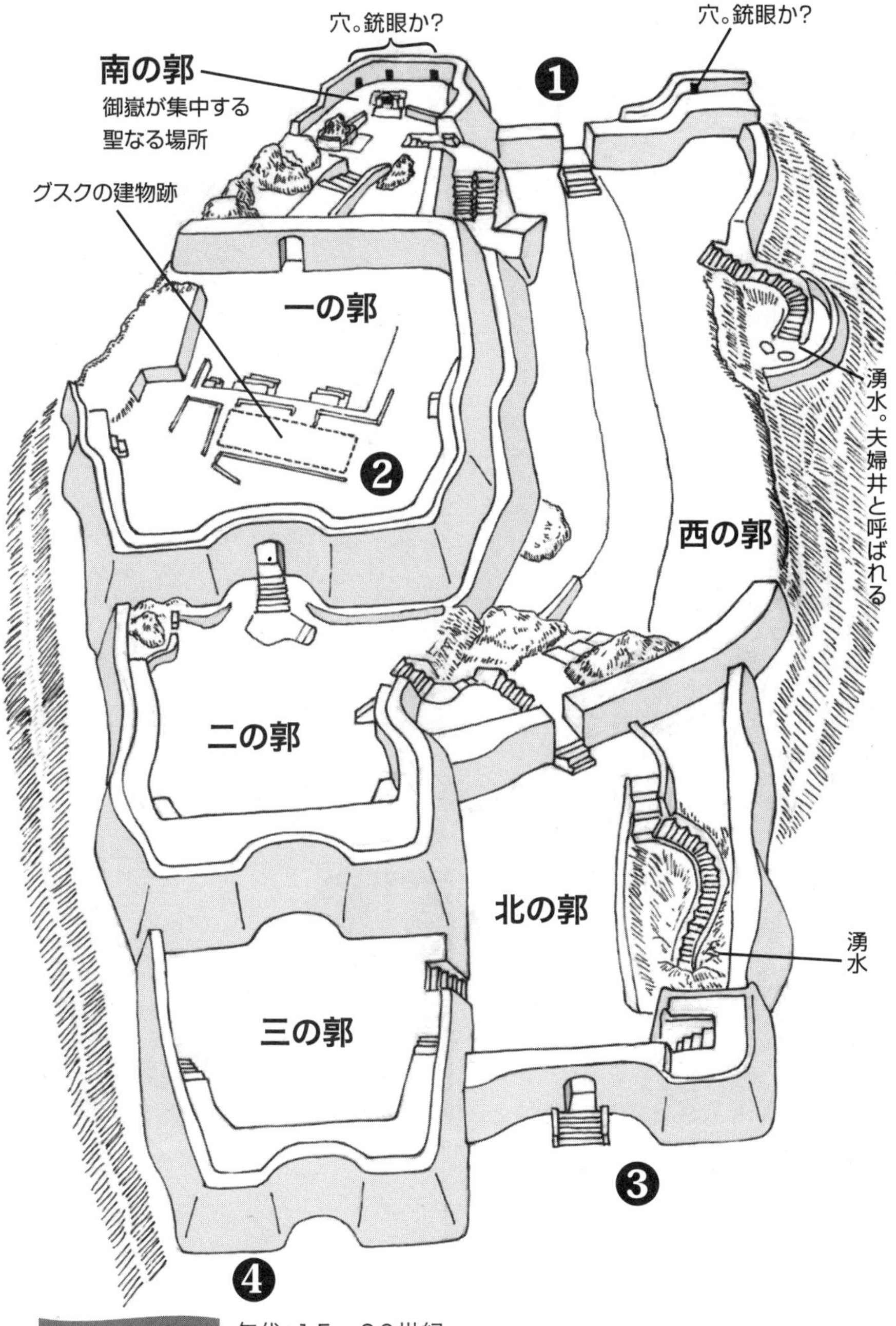

グスク・データ

年代：15～20世紀
面積：約13000平方メートル
石積み：布積み・相方積み
建物：現存せず。礎石・基壇建物あり。櫓門跡。板ぶき屋根と推定。
近代まで一の郭に赤瓦屋根の建物あり。

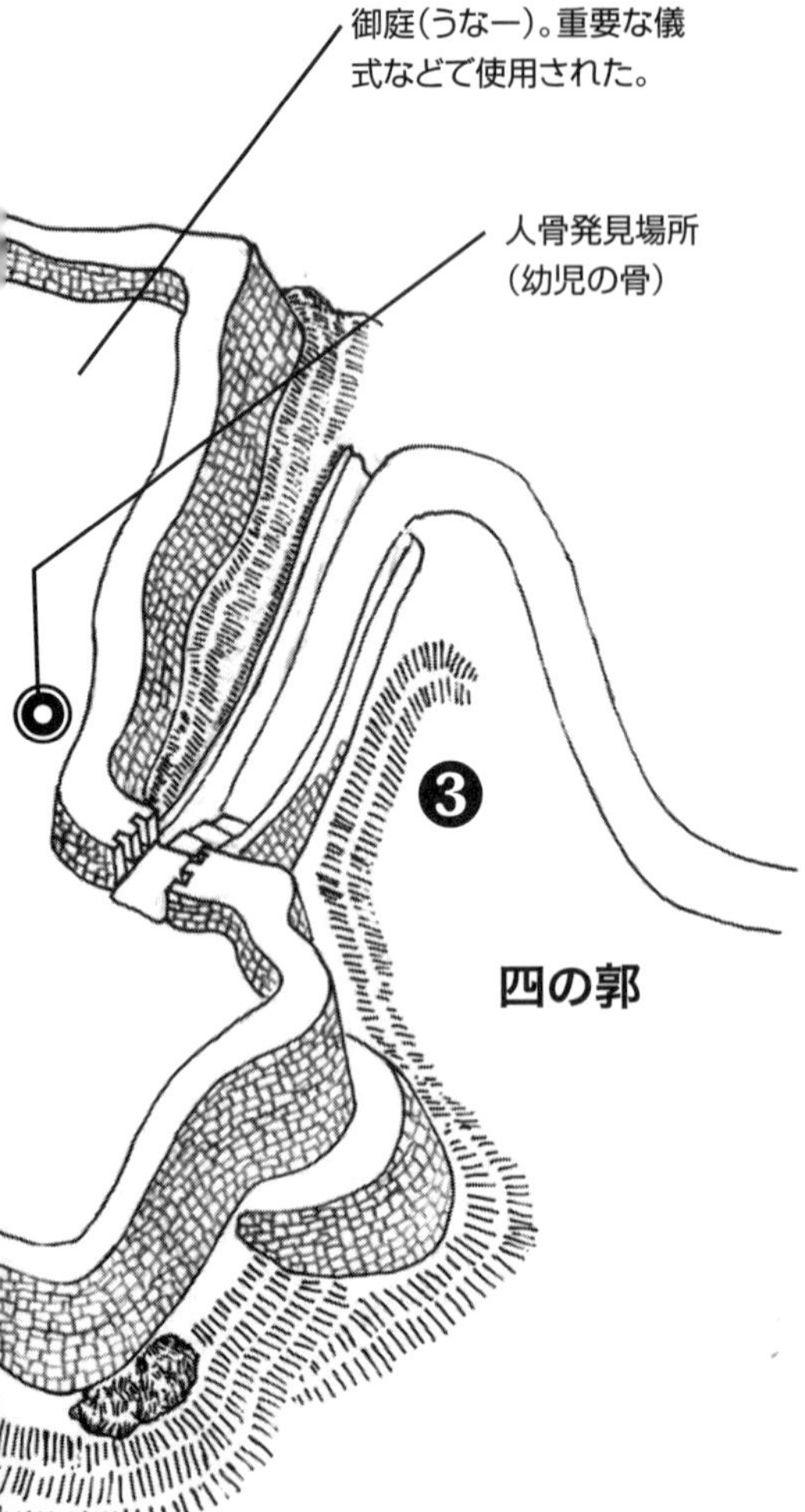
御庭（うなー）。重要な儀
式などで使用された。
人骨発見場所
（幼児の骨）
❸
四の郭

❶
一の郭へ上がる階段からの眺め

❷
二の郭に残る大規模な建物跡

❸
四の郭から三の郭へ入る城門跡

勝連グスク

グスク・データ

年代：12〜15世紀
面積：約11800平方メートル
石積み：布積み
建物：現存せず。一の郭に高麗・大和系瓦屋根の建物、二の郭に板ぶき屋根の建物跡（礎石・基壇あり）。

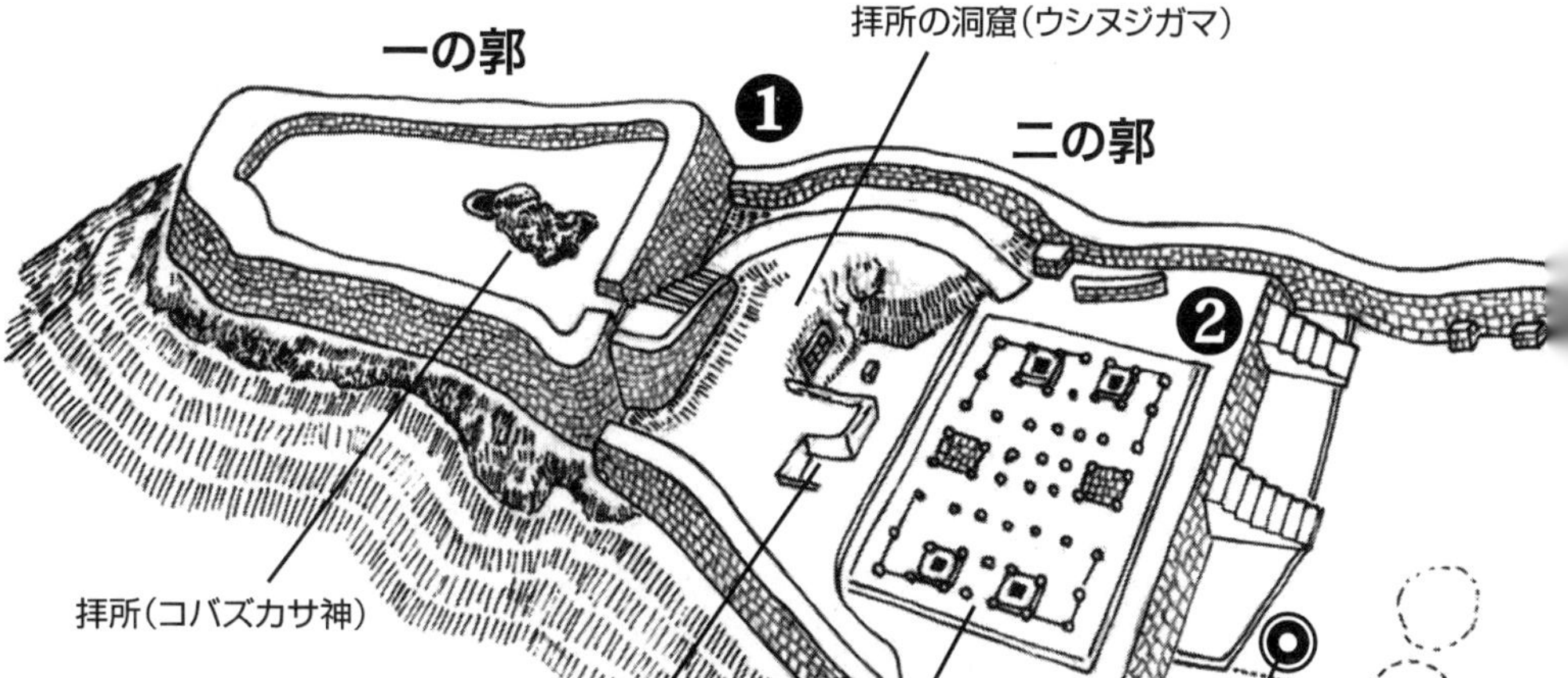
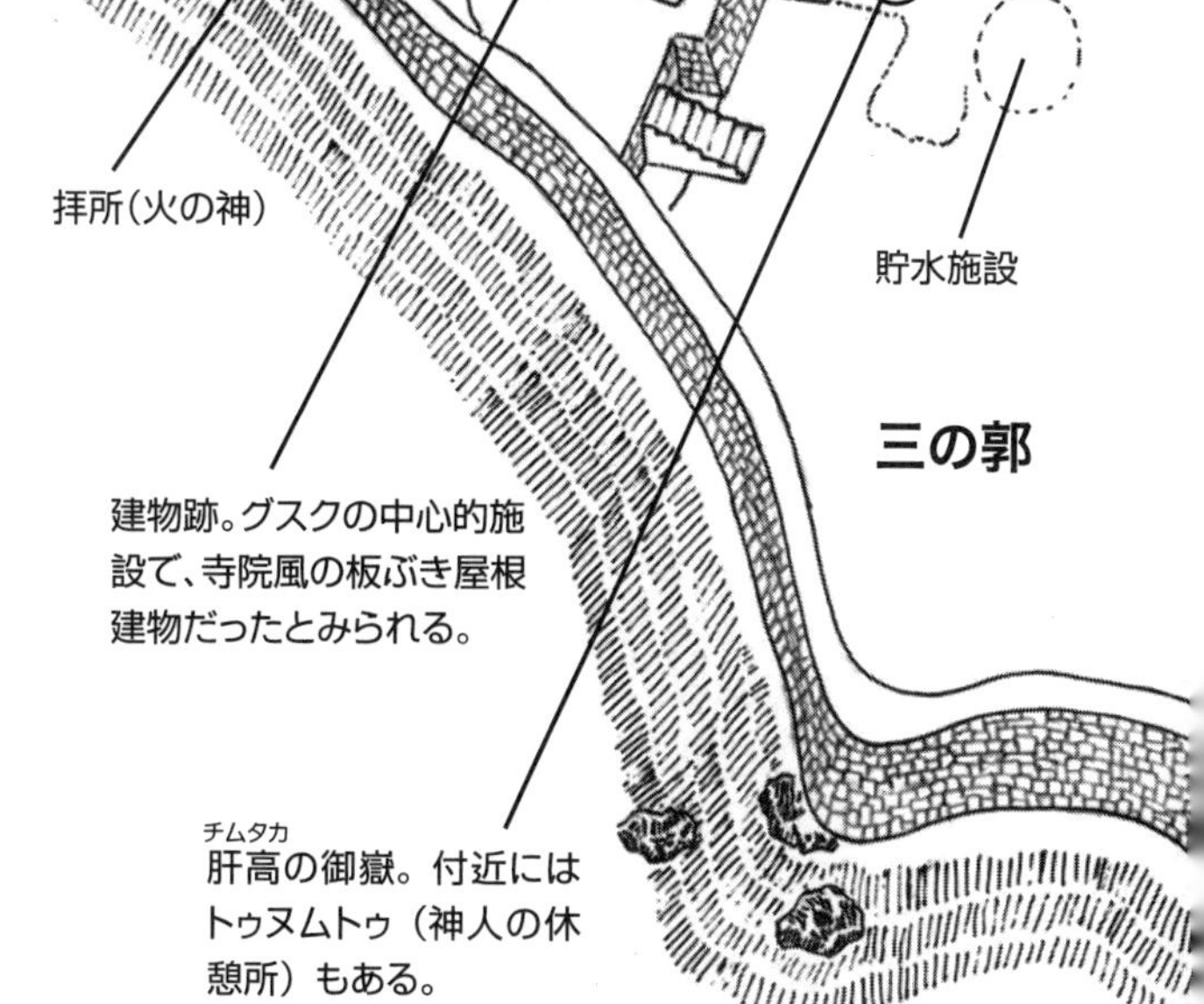

15世紀の有力按司・阿麻和利の居城として知られる勝連グスク。当時としては首里城に匹敵する規模で、高麗系・大和系瓦の建物や装飾されたアーチ門も存在した壮麗なグスクだったようです。最近では四の郭（整備中）の外側から堀切の跡も見つかっています。阿麻和利の権力の強大さをうかがうことができますが、1458年に反乱を起こし、首里の王によって滅ぼされてしまいました。

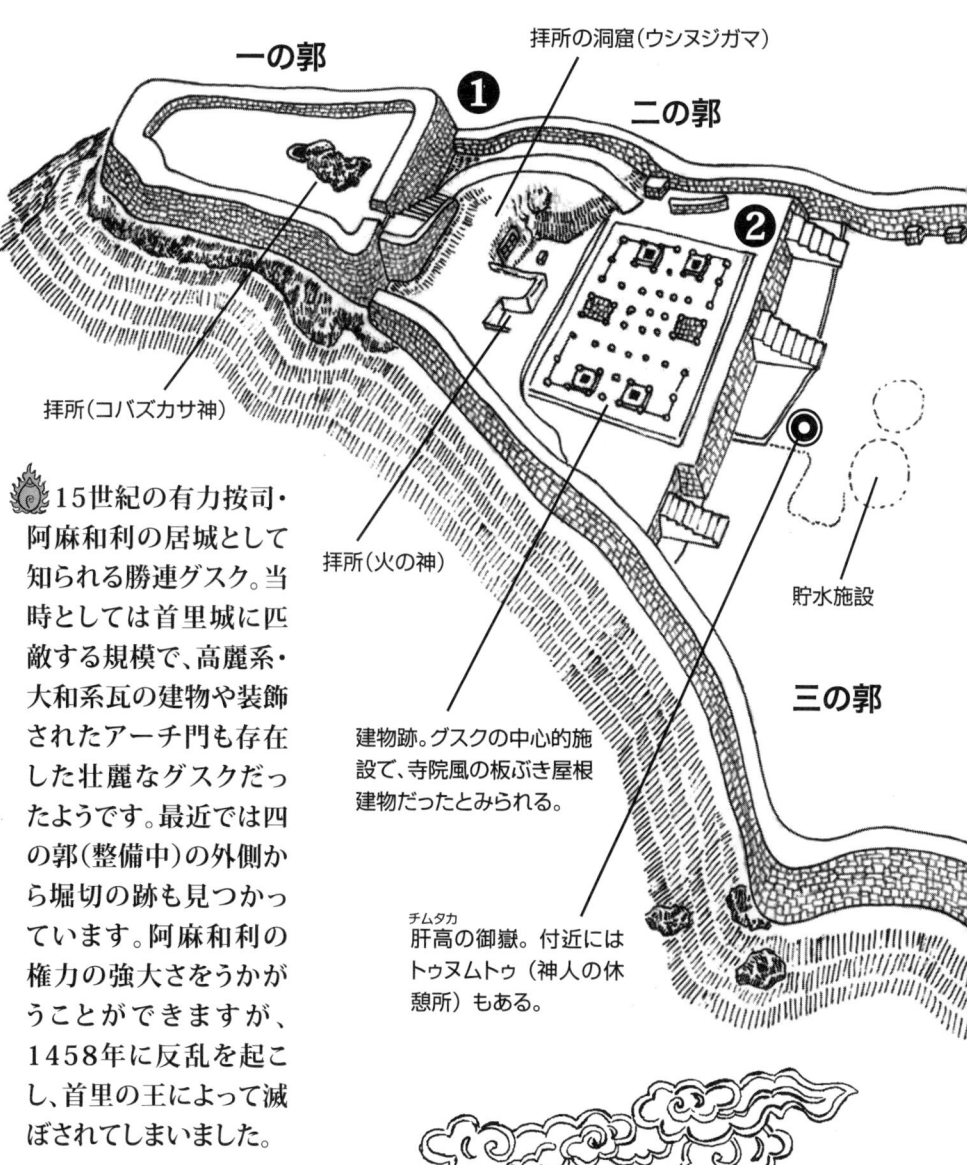

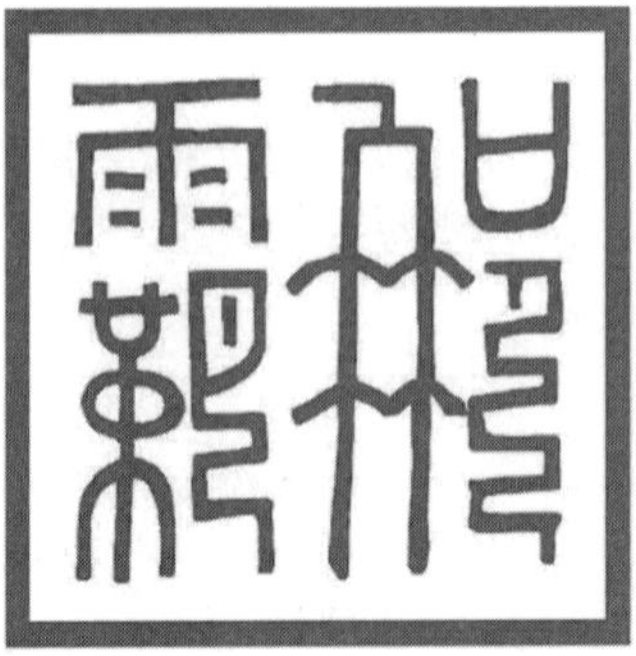

古琉球に用いられた「那覇」の印

最新歴史ビジュアル

古琉球の世界

「古琉球」とは

「古琉球《こりゅうきゅう》」とは、南西諸島で「琉球王国」という独立国家が生まれ、1609年に薩摩の島津氏に征服されるまでの時代のことです。またアジアとの交易で繁栄した最も輝いた時代であるとともに、今の沖縄の基礎になる様々な文化や社会の仕組みが生まれた時代でもあります。

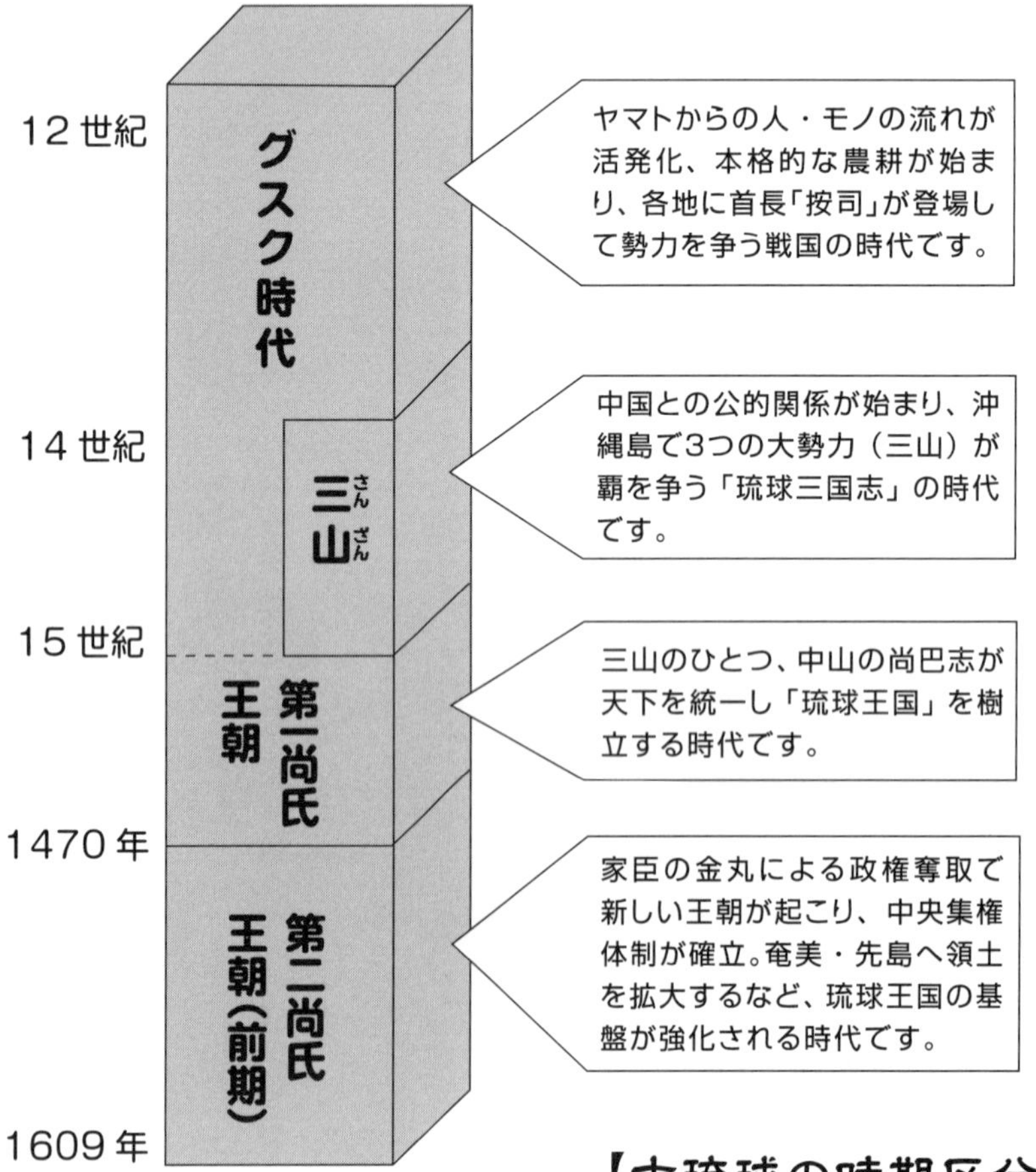
12世紀
14世紀
15世紀
1470年
1609年
グスク時代
三《さん》山《ざん》
第一尚氏王朝
第二尚氏王朝(前期)
ヤマトからの人・モノの流れが活発化、本格的な農耕が始まり、各地に首長「按司」が登場して勢力を争う戦国の時代です。
中国との公的関係が始まり、沖縄島で3つの大勢力（三山）が覇を争う「琉球三国志」の時代です。
三山のひとつ、中山の尚巴志が天下を統一し「琉球王国」を樹立する時代です。
家臣の金丸による政権奪取で新しい王朝が起こり、中央集権体制が確立。奄美・先島へ領土を拡大するなど、琉球王国の基盤が強化される時代です。

【古琉球の時期区分】

【古琉球社会(貿易全盛期)のしくみ】

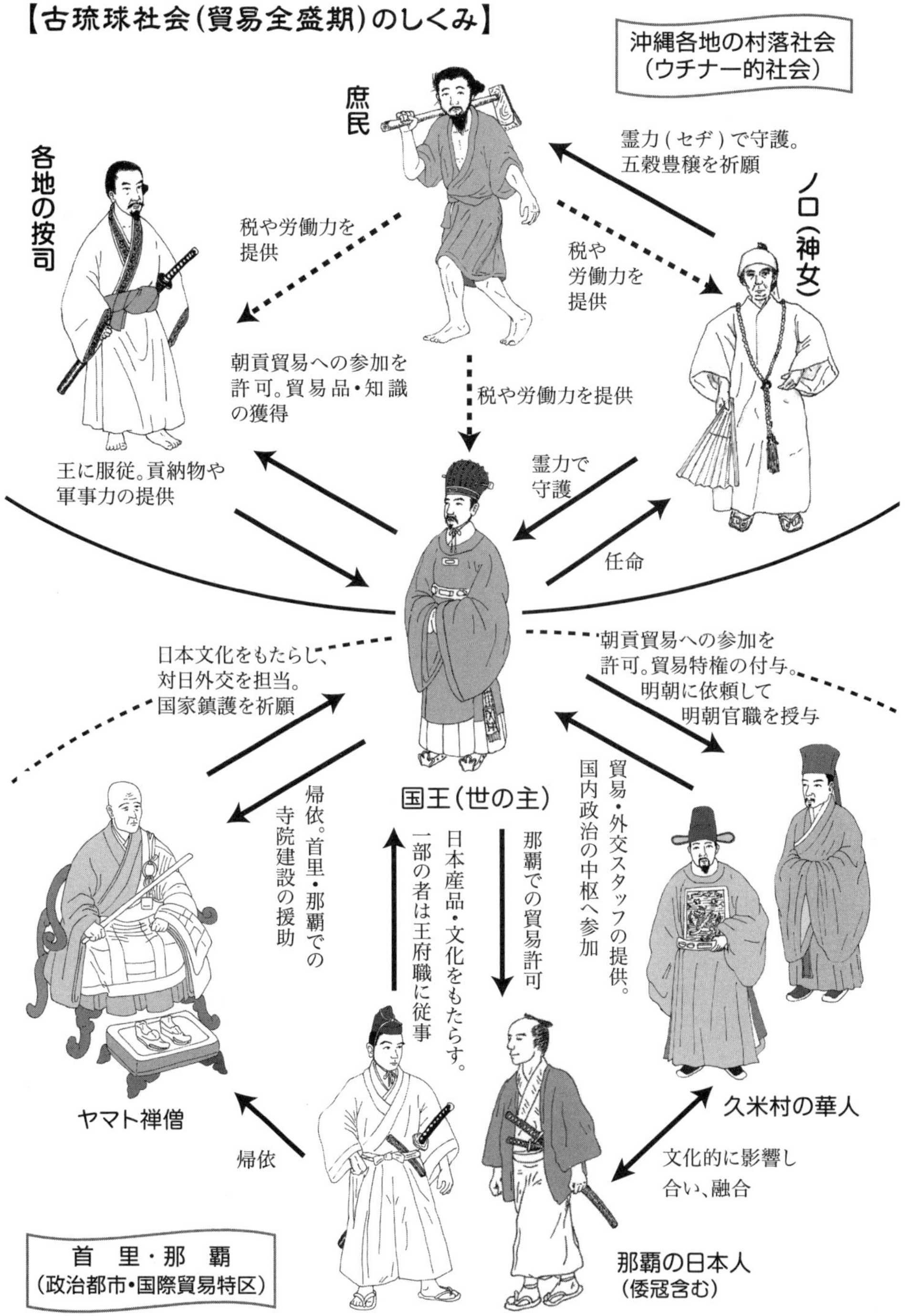

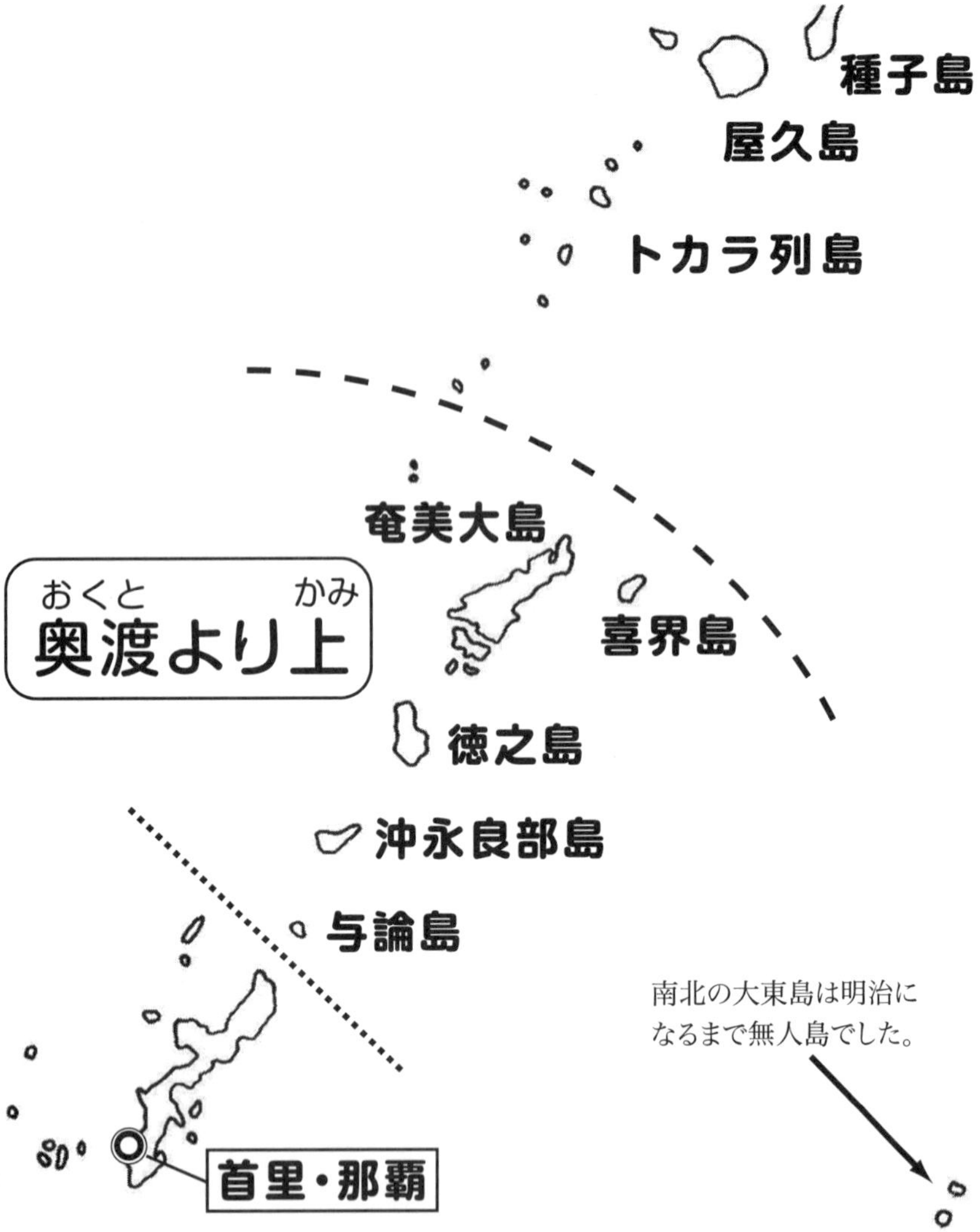

1429年に沖縄島を統一した琉球王国は、まず北の奄美地域に軍事侵攻して15世紀までに征服。一時はトカラ列島にまで勢力を伸ばします。続いて南の宮古・八重山地域は16世紀までに完全に琉球の支配下に入りました。

王国のかたち（1）

古琉球王国は、北は奄美大島から南は与那国島まで、広大な海域にまたがる島々を版図とした海洋国家でした。王国全域には「間《ま》切《ぎり》」という行政区画が設定されていました。

王国は「奥渡より上（奄美）」「沖縄」「宮古・八重山」の三地域に大きく分かれていて、奄美は「奥渡より上の諚理（サバクリ）」、宮古・八重山は「宮古間切大掟」「八重山間切大掟」という王府中央官僚がそれぞれの支配を担当していました。細かく間切が区分されていた奄美・沖縄地域に比べ宮古・八重山は各一間切制で、王府の統治はよりゆるやかだったようです。

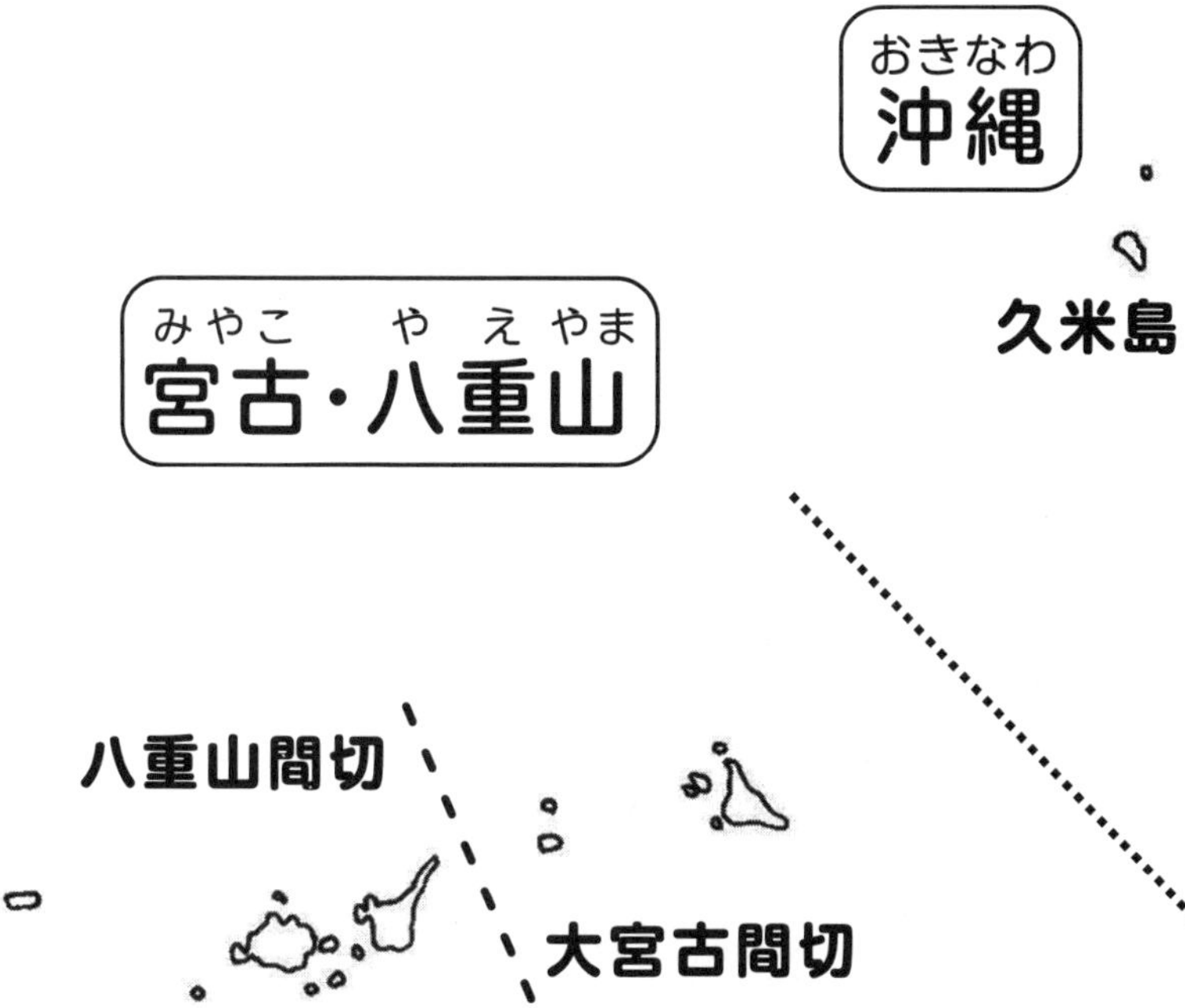

王国のかたち（2）

沖縄島は今帰仁の山北監守が統括する北部地域と、首里の琉球国王が統括する中南部地域に二大区分されていました。中北部に比べ、南部の間切区分が緻密《ちみつ》なのが特徴です。

【久米島の間切区分】
中城間切
具志川間切
【沖縄島の間切区分】
国頭
今帰仁
羽地
名護
《山北監守の管轄》
金武
読谷山
越来
具志川
北谷
勝連
浦添
中城
真和志
西原
豊見城
島添大里
南風原
佐鋪
東風平
知念
島尻兼城
玉城
島尻大里
具志上
島尻真加比
摩文仁
喜屋武

奄美地域は「奥渡より上」と総称されていました。奄美大島は一四四〇年代までに、喜界島は一四六六年に琉球王国によって征服され、沖縄島と同様に「間切・シマ」制度が設定されました。

【奄美大島の間切区分】

笠利間切
名瀬間切
屋喜内間切
古見間切
住用間切
西間切
東間切

【徳之島の間切区分】

西目間切
東間切
面縄間切

【喜界島の間切区分】

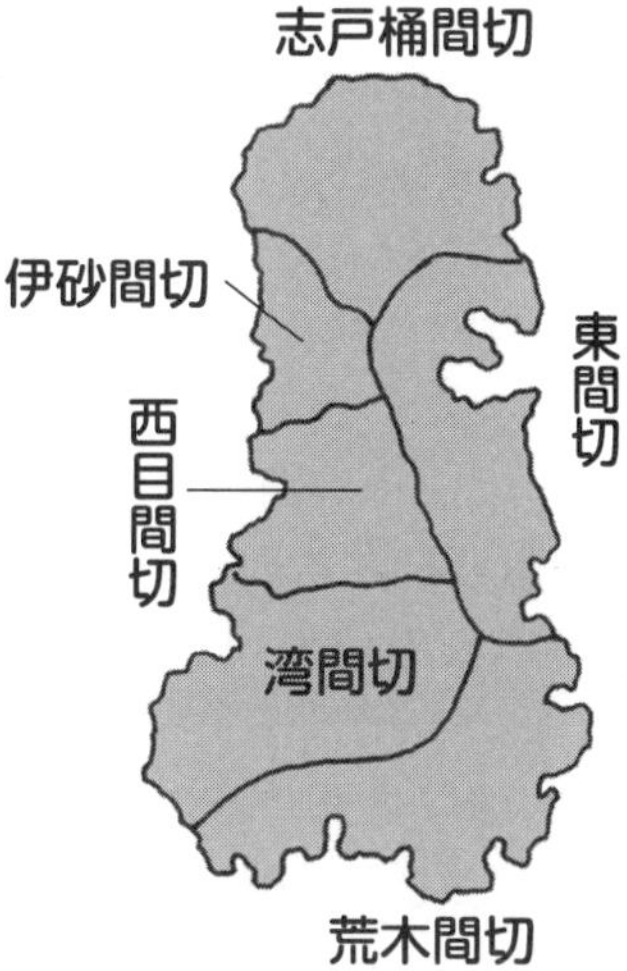
志戸桶間切
伊砂間切
東間切
西目間切
湾間切
荒木間切

【沖永良部島の間切区分】

喜美留間切
徳時間切
大城間切

古琉球人の姿（1）

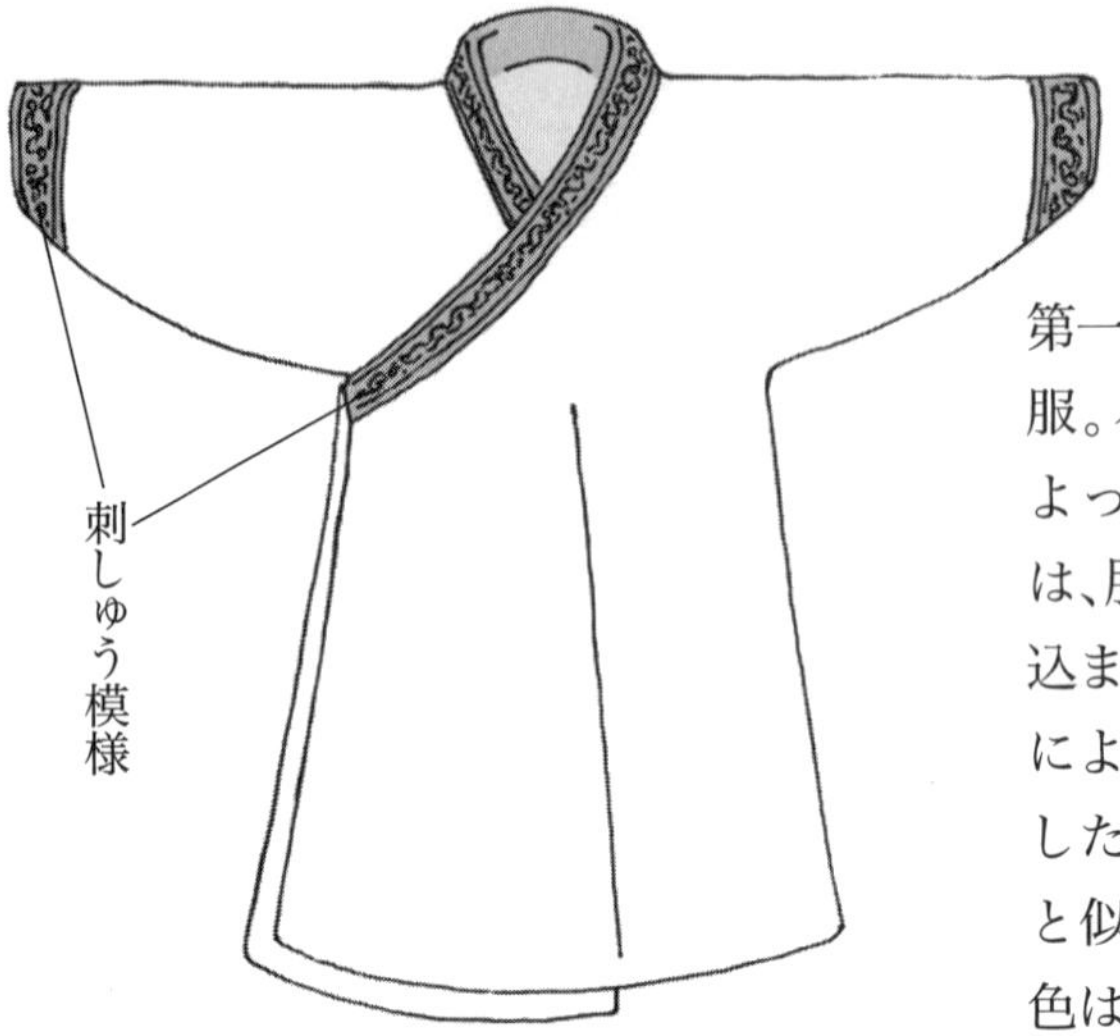

第一尚氏王朝の官人の服（想定復元）

第一尚氏王朝期の琉球官人の服。ハチマキやかんざしによって身分を区別する以前は、服のそで口や衣上に織り込まれた色糸の刺しゅう模様によって身分を識別していました。中国の「長衫《ちょうさん》」という服と似ていたといいます。服の色は白・黒・紅がありました。

正装だった中国明朝の冠服。首里城の重要儀式や冊封の式典、外交の場などで使用されました。冠服の着用は国王や王族・エリート層・久米村の華人に限られていました。明朝の冠服は権威の象徴だったのです（「古琉球人の姿（３）」32pを参照）。

中国明朝の冠服を着た琉球人

近世のカタカシラ。結髪は頭頂部に移動している。

伝雪舟画「国々人物図巻」中の「琉球人」画像をもとに復元した古琉球人の髪型(カタカシラ)。髪を左側の耳付近で結っているのがわかります。17世紀頃までの琉球人男性はこの髪型でした。

古琉球人の髪型(カタカシラ)

琉球官人のハチマキ(鉢巻)。本来は1枚の布を頭部に巻きつけたターバンでした。16世紀頃から一般的となり、布の材質や色で身分を区別しました。17世紀頃にターバンを模した冠に改良され、近世まで使われ続けます。図はターバン時代のハチマキをイメージ。

ハチマキ(鉢巻)をかぶる琉球官人

古琉球人の姿(2)

古琉球人の格好はずっと同じだったわけではなく、時代を経て変化していきました。

14世紀に中国の冠服を導入したことと、第二尚氏王朝の初めごろからハチマキ(鉢巻)が使用されたことが大きな変わり目でしょう。

第一尚氏王朝の官人

第一尚氏王朝期の官人。頭部左側にカタカシラを結い、日本刀を常時さしています。足はハダシ。この時期にはハチマキはまだ普及しておらず、衣服のそで口などに刺しゅうされた模様で身分を識別していたようです。

❷

明朝冠服を着用した琉球の官人。本来は明朝官僚たちの常服です。明朝の朝貢国だった琉球でも正装になっていました。当初は明朝より直接与えられたものを使用していましたが、やがて琉球で明朝風の冠服を自作するようになります。身分の高い者にしか着用が許されない服でした（「古琉球人の姿（３）」32pも参照）。

中国冠服で正装した琉球官人

17世紀の琉球人女性（❶は呉鶴齢・国頭親方朝致画像より。❷は尚恭・浦添王子朝良画像より）。女官とみられます。現在知られている絵画に描かれた中で最も古い女性の姿です。古琉球時代の名残りをとどめています。

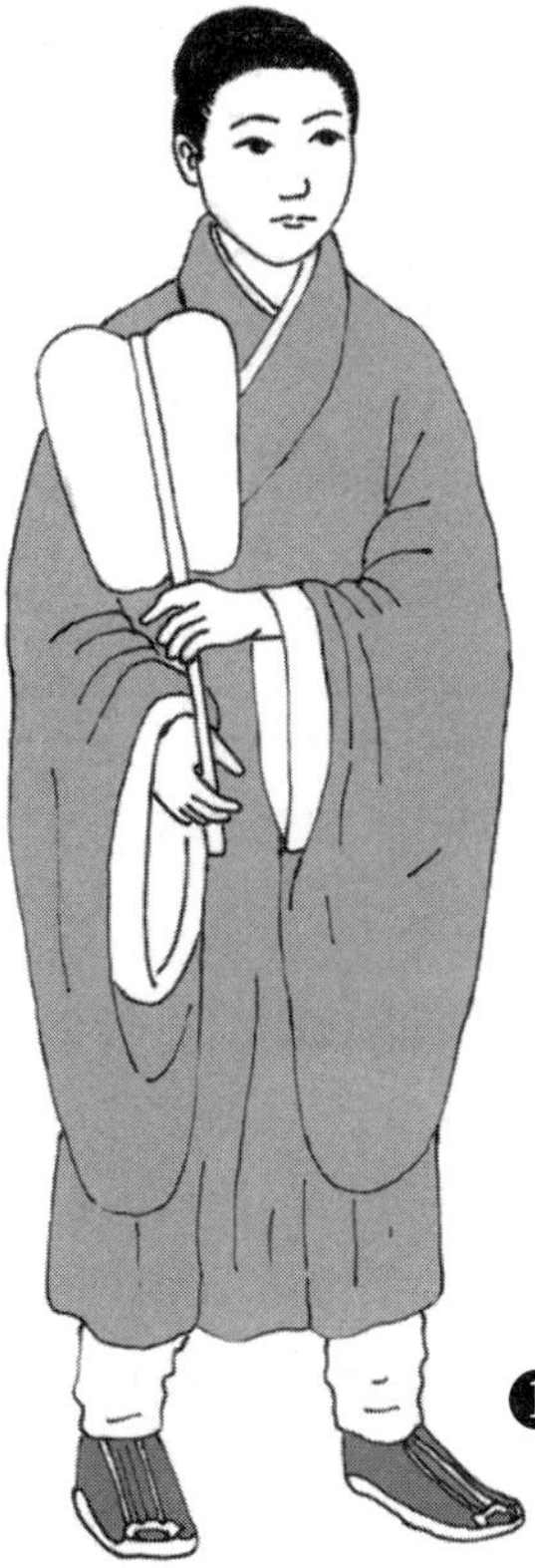

❶

古琉球人の姿（3）

古琉球の正装（フォーマル・ウェア）は明朝の冠服でした。琉球が明朝の冊封体制に参入すると皇帝からこれらの服が与えられ、王や按司、家臣の間で使われました。冠服は身分を表わす目印ともなり、古琉球社会に「明朝冠服を着る者」と「着ない者」という身分・序列を生み出すきっかけにもなったようです。

麒麟《きりん》の補子《ほし》（文官一品）

補子《ほし》とは明朝常服の胸や背中に織り込まれた動物の図柄のゼッケンで、身分を表わす標識です。中山王尚円が明朝皇帝から与えられた常服は、紅色の服にキリンの図柄の補子が付けられていました。これは明朝文官一品という高いランクに相当します。

琉球では明朝冠服を常時着用していたのではなく、普段は琉装で、首里城で行われる重要な儀式や中国から訪れた冊封使との対面の際、外国へおもむく際の使者の衣装などに使われました。

高温多湿の沖縄ではこれらの服は着ごこちが悪く、儀式の最中に琉球官人は窮屈そうにしていた、と中国の使者の記録にあります。

明朝の冠服は後の琉装（ハチマキや大帯）による身分制度の確立にも影響を与えました。

【古琉球の正装・明朝の冠服】

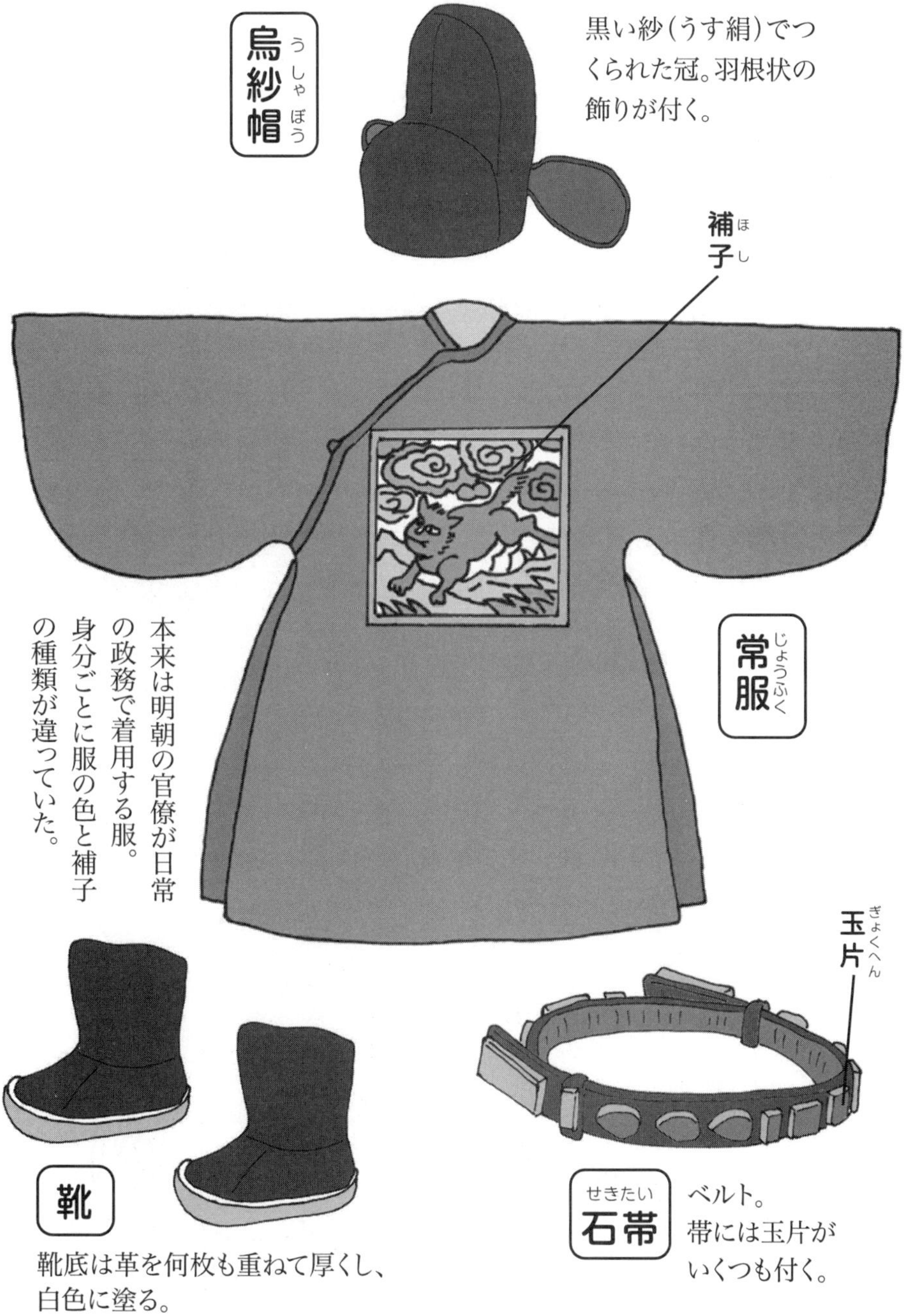
烏紗帽《うしゃぼう》
黒い紗（うす絹）でつくられた冠。羽根状の飾りが付く。
補子《ほし》
常服《じょうふく》
本来は明朝の官僚が日常の政務で着用する服。身分ごとに服の色と補子の種類が違っていた。
玉片《ぎょくへん》
靴
靴底は革を何枚も重ねて厚くし、白色に塗る。
石帯《せきたい》
ベルト。帯には玉片がいくつも付く。

明朝の朝貢国となった琉球では、王が即位する際に中国より「冊封使《さくほうし》」と呼ばれる使者が渡来し、皇帝からの任命書（勅書《ちょくしょ》）とともに冠服が与えられました。冠服は皮弁冠と皮弁服という儀礼用の冠服一式でした。

琉球の王は土着の「世の主」として琉球世界に君臨していましたが、これに中国皇帝から王として公認されるという権威付けも加わって、琉球のなかで求心力を得ることができました。琉球王権に中国皇帝の権威は必要不可欠なものとなったのです。

郡王ランクの皮弁冠
（玉飾り7列）
石帯（ベルト）
紅色の皮弁服

明代における琉球国王の皮弁冠服。明朝から与えられたこの冠服を、琉球国王は正月や冬至、皇帝の誕生日などの国家的儀礼の場で着用しました。後の清代には反物だけをもらい琉球で明朝風の皮弁冠服を製作しましたが、明代では完成品一式を与えられました。

琉球国王の衣装

琉球国王の王冠は「皮弁冠《ひべんかん》」と呼ばれた明朝皇帝から与えられた礼冠でした。皮弁冠は本来、皇帝や皇族のみが着用を許された特権的な冠です。皇帝の場合、朝廷での政務・命令を下す際、朝貢使節との対面に用いられました。

冠に付けられた玉飾りは皇帝が12列、親王が９列、郡王が７列と定められていました。琉球国王は７列、郡王ランクです（日本国王・朝鮮国王は親王ランク）。琉球ではこの皮弁冠が日本の「三種の神器」のような王権の象徴物となっていました。

【琉球国王の皮弁冠】

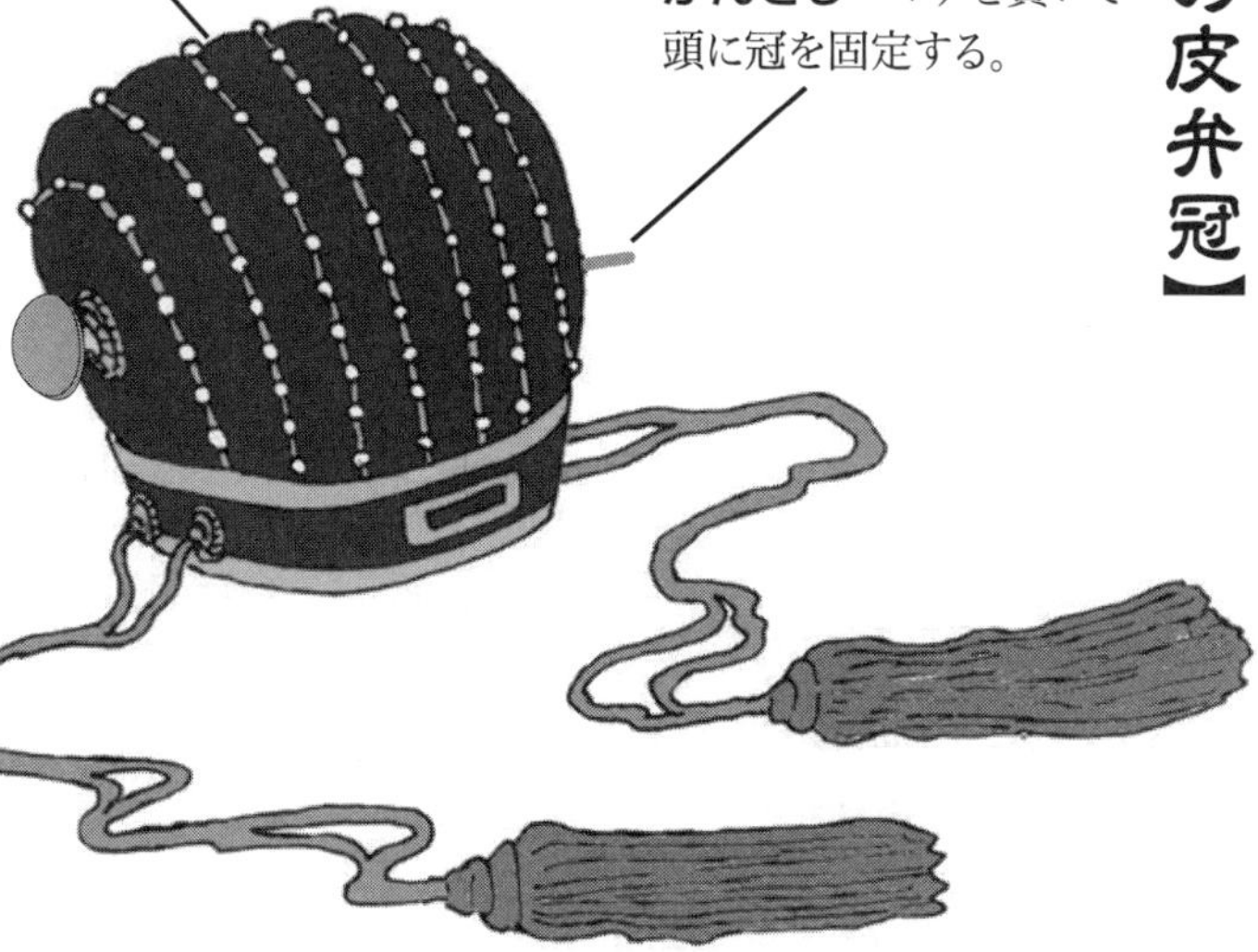
玉飾り（旒《りゅう》）玉や宝石、金などを使用。ランクによって列の数が違った。琉球国王は7列。
かんざし　マゲを貫いて頭に冠を固定する。

「世の主」の系譜（1）

浦添の世の主【12～14世紀頃】

（浦添を中心とした按司の連合政権の盟主。この時期は中山王を称さず、舜天の実在は未確認）

舜天（尊敦《そんとん》）

英祖（英祖日子《えそのてだこ》）

中山《ちゅうざん》王（浦添の世の主）【1350～1405年】

（浦添を拠点とする沖縄三大勢力の「世の主」の一人。1372年、中山王として明朝に入貢する）

❶**察度**（大真物《おおまもの》）―❷**武寧**（中之真物《なかのまもの》）―**完寧斯結《かんねいしけつ》**

山北《さんほく》王【1383～1416年】

（沖縄島北部を領域とする三大勢力の「世の主」）

❶**怕尼芝《はねじ》**―❷**珉《みん》**―❸**攀安知《はんあんち》**

山南《さんなん》王【1380～1429年】

（沖縄島南部を領域とする三大勢力の「世の主」）

❶**承察度《うふさと》**―❷**汪応祖《おうおうそ》**―❸**他魯毎《たるもい》**

王は琉球世界で「世《よ》の主《ぬし》」や「てだ（太陽）」、「按司《あじ》添《おそ》い（按司を超える存在）」と呼ばれていました。やがて明朝より「王」に任命されて中国を中心とする国際体制に参入しましたが、中国・朝貢国向けの「王」の称号とともに「世の主」称号も第二尚氏王朝の初期まで使われ続けました。

「世の主」は血筋で継がれるのではなく、その地位にふさわしい有力者が代々琉球世界を治めていくという観念があり、政権交代があっても各王は最初の「そんとん（舜天）」を初代として王位を数えていました。

第一尚氏王朝が用いた「海印」（復元）

「海印」とは、「宇宙の一切を悟り知ることのできる仏の知恵」という意味。もしくは、ここでは単に「海の印」でしょうか。

第一尚氏王朝【1406〜1469年】

（武寧政権を打倒して中山王の地位を奪い、沖縄島を統一。琉球王国を樹立する）

❶思紹（君志真物《きみしまもの》）
— ❷尚巴志（勢治高真物《せじだかまもの》）
　— ❸尚忠（不明）— ❹尚思達（君日《きみてだ》）
　— ❺尚金福（君志《きみし》）— 志魯
　— 布里
　— ❻尚泰久（那之志与茂伊《なのしよもい》・大世主《おおよのぬし》）— ❼尚徳（八幡之按司《はちまんのあじ》・世高王《せだかおう》）

各王には自分の名前のほかに「神号」と呼ばれる琉球の神々より与えられた名前があり、国内ではそれで呼ばれる場合が多かったようです。

例えば第一尚氏の尚泰久王は、現存する琉球国内の記録でほぼ例外なく神号「大世主」と記されています。

神号にある「真物《まもの》」とは「お化け（魔物）」のことではなく、「優れた者、超人」を意味します。

「世の主」の系譜(2)

第二尚氏は金丸から始まり、子の尚真の代で強力な中央集権体制を確立します。「世の主」称号は次の尚清あたりから消え、代わって「中山王」の称号が国内でも一般化します。神号は尚豊までで、以後は使われなくなります。薩摩の征服が琉球の神々の権威を失墜させたのでしょうか。

第二尚氏王朝

【1470〜1879年】

（クーデターによって第一尚氏に代わり政権をとる。前代の尚氏の名を受け継ぐ）

❶ **尚円**（金丸按司添末続之王仁子《かねまるあじおそいすえつぎのおうにし》）

❷ **尚宣威**（西之世主《にしのよのぬし》）

❸ **尚真**（於義也嘉茂慧《おぎやかもい》）

尚維衡

❹ **尚清**（天続之按司添《てんつぎのあじおそい》）

❺ **尚元**（日始按司添《てだはじめあじおそい》）

❻ **尚永**（英祖仁耶末按司添《えぞにやすえあじおそい》・日豊操王《てだふそうおう》）

❼ **尚寧**（日賀末按司添《てだがすえあじおそい》）

❽ **尚豊**（天喜也末按司添《てにがすえあじおそい》）

以下続く

第二尚氏王朝が用いた「首里之印」
主に国内向けの国王印。「首里」は王の同義語です。

【古琉球で使用されていた元号】

明朝の朝貢国だった琉球では一貫して中国元号を使用していました。元号を受け入れることは、空間的に中華の体制に参加するだけでなく、時間的にもその傘下に入ることを意味していたのです。

洪武《こうぶ》(1368～1398)
建文《けんぶん》(1399～1402)
永楽《えいらく》(1403～1424)
洪熙《こうき》(1425)
宣徳《せんとく》(1426～1435)
正統《せいとう》(1436～1449)
景泰《けいたい》(1450～1456)
天順《てんじゅん》(1457～1464)
成化《せいか》(1465～1487)
弘治《こうじ》(1488～1505)
正徳《せいとく》(1506～1521)
嘉靖《かせい》(1522～1566)
隆慶《りゅうけい》(1567～1572)
万暦《ばんれき》(1573～1619)

古琉球の位階（ランク）

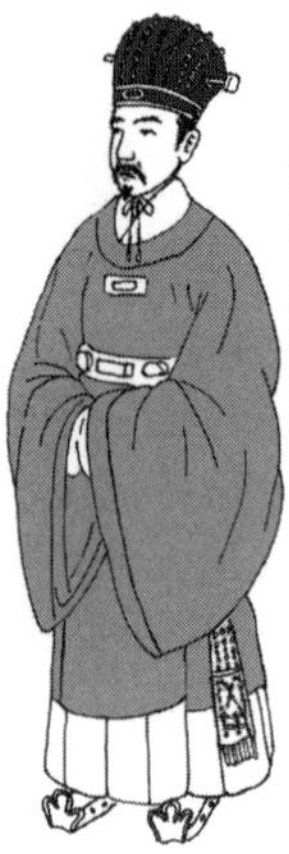

世《よ》の主《ぬし》

国王。「世の主」は琉球世界でのもともとの称号。尚真王の頃まで王号と並んで使われた。

按司部《あじべ》

王族。王の子女は「思い子部」とも呼ばれた。

祝女部《のろべ》

神女。「聞得大君・君々」は上級神女のこと。

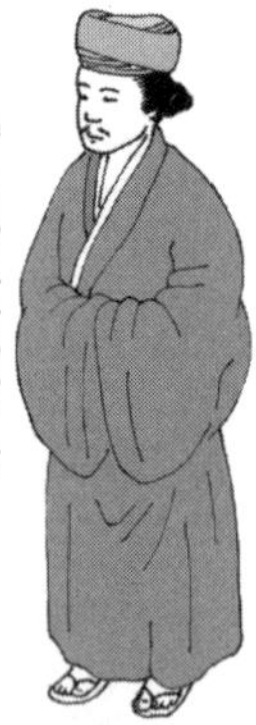

下司《げす》

按司部以外の官人。「あす達部」「大屋子もい達」「里主部」「家来赤頭」「おゑ(え)か人」がいた。

真人《まひと》

庶民。「あす達・あむ達」という共同体の長老(男女)もいたらしい。

僧《そう》・坊主達《ぼうずた》

禅宗寺院などの僧侶。上級僧は「長老」と呼ばれた。

【碑文にみる古琉球社会の諸階層】

古琉球時代の諸階層は、「部《べ》」や「達《た》」というまとまりで表現されました。碑文には王族や、官人層・庶民のほか、「のろべ（祝女部）」や「ちやうらう・ぼうずた（寺院の長老・坊主達）」といった階層も登場します。また王府機構には位置づけられていない「シマのあす（男）た」、「クニのあむ（女）た」も存在したようです。彼らは各村落共同体の長老クラスの人間だったと考えられます。

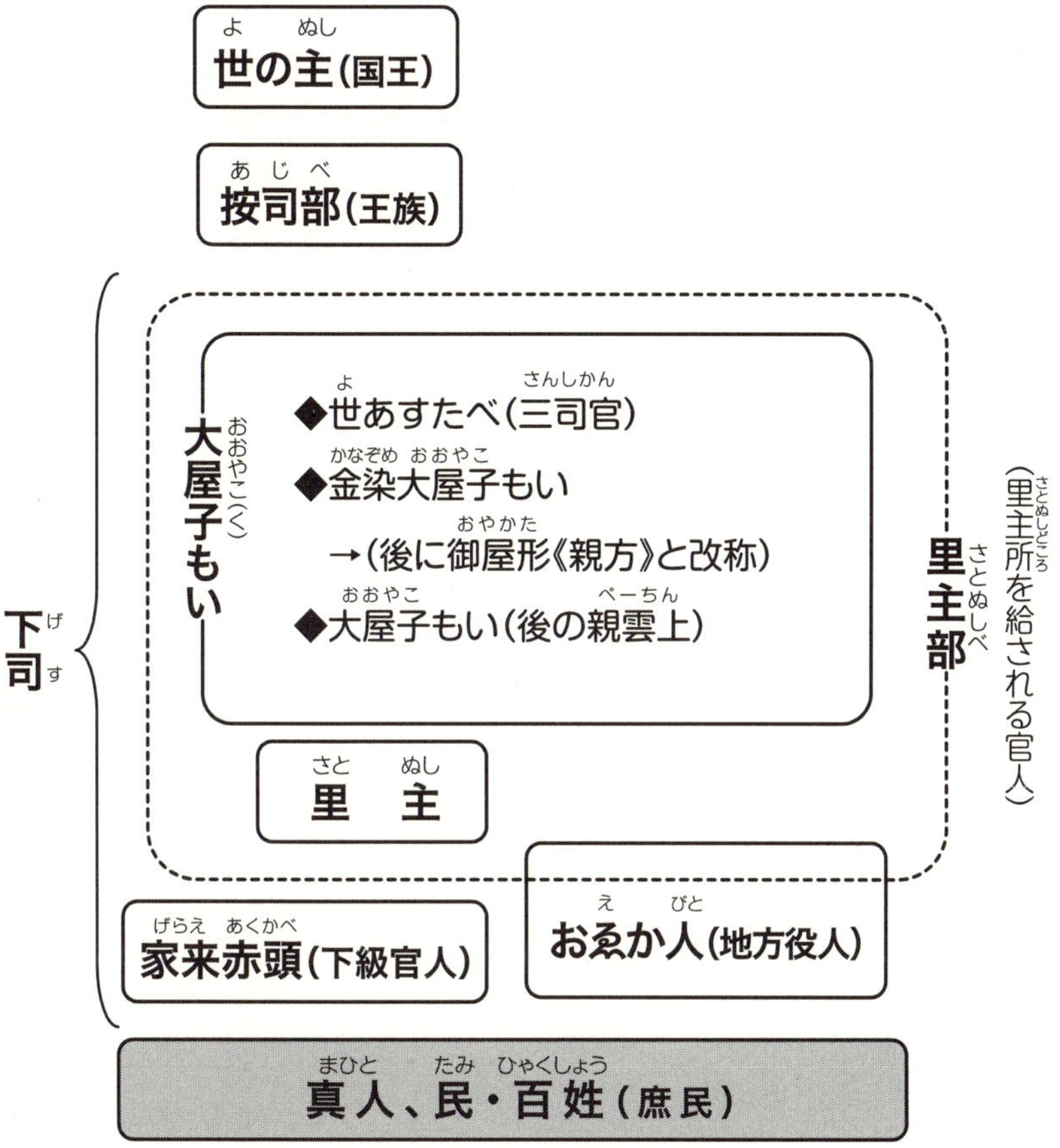
世《よ》の主《ぬし》(国王)
按司部《あじべ》(王族)
下司《げす》
大屋子もい《おおやこ(く)もい》
◆世《よ》あすたべ(三司官《さんしかん》)
◆金染《かなぞめ》大屋子《おおやこ》もい
→(後に御屋形《おやかた》《親方》と改称)
◆大屋子《おおやこ》もい(後の親雲上《ぺーちん》)
里主部《さとぬしべ》
(里主所《さとぬしどころ》を給される官人)
里《さと》 主《ぬし》
家来赤頭《げらえあくかべ》(下級官人)
おゑか人《えびと》(地方役人)
真人《まひと》、民《たみ》・百姓《ひゃくしょう》(庶民)

【古琉球の位階(ランク)】

古琉球社会は大きく分けて王族の「按司部」、官人層の「下司」、庶民の「真人」の階層に分かれていました。官人層はさらに「大屋子もい」というエリートと、彼らを含めた中央・地方の「里主部」というキャリア官僚、中央の「家来赤頭」と地方の「おゑ(え)か人」というノンキャリア官僚で構成されていました。

この時代は「士族」や「農民」といった厳密な身分制はなく、家臣は個人的に王との主従関係を結んでいました。王国域内の役人全てに国王から直接辞令が交付され、所得を与えられて各役職に従事していたのです。

王府の中央組織

琉球王府の中央組織は首里城の国王（世の主）を中心に、三司官（世あすたべ）を長官とする３つの役所「こおり」で構成されていました。各「こおり」の下には「ヒキ」と呼ばれる１２のチームが所属していて、行政・軍事・貿易の業務を交替で行っていました。

【琉球王府（第二尚氏）の中央組織】

世の主（国王）

世あすたべ（三司官）	世あすたべ（三司官）	世あすたべ（三司官）
【不明】こおり	南風《はえ》のこおり	北《にし》のこおり
丑日番《うしのひばん》	**酉日番《とりのひばん》**	**巳日番《みのひばん》**
勢遣富《せいやりとみ》ヒキ	勢治荒富《せじあらとみ》ヒキ	押明富《おしあけとみ》ヒキ
浮豊見《うきとよみ》ヒキ	相応富《ふさいとみ》ヒキ	島内富《しまうちとみ》ヒキ
世高富《せだかとみ》ヒキ	世持富《よもちとみ》ヒキ	謝国富《じゃくにとみ》ヒキ
〔不明〕ヒキ※	〔不明〕ヒキ※	世次富《よつぎとみ》ヒキ

三番《みばん》

※〔不明〕ヒキには雲子富《くもことみ》・安舞富《あまえとみ》のいずれかが入る。

【ヒキ】

船頭
｜
筑殿
｜
家来赤頭

ヒキは１２のチームが３番に分かれて【行政】【軍事】【貿易】の業務を交替で行っていました。貿易船には各ヒキと同じ名前が付けられ、ヒキの長は船頭と呼ばれていました。王国組織が航海体制をモデルに編成されていたことを示しています。

【琉球王府(第二尚氏)の主要ポスト】

世《よ》の主《ぬし》(国王)
琉球国中山王。もとは三山王の一人だったが国王の代名詞となる。琉球世界の支配者として「世の主」とも呼ばれた。

お世《よ》おわつかい(摂政《せっせい》)
「世のお扱い」の意。人臣の最高位。王族が就いた。尚寧王の弟・尚宏が任命されて以降、常設。

世《よ》あすたべ(三司官《さんしかん》)
「世の長老たち」の意。三人制の大臣。王府政治の最高執行責任者。大屋子もいクラスが就く。

船頭《せんどう》
行政・軍事・貿易を担当する王府組織「ヒキ」の長官。大屋子もいクラスが就く。後の「勢頭」。

筑殿《ちくどの》
行政・軍事・貿易を担当する王府組織「ヒキ」の副官。後の「筑登之」。

家来《げらえ》赤頭《あくかべ》
行政・軍事・貿易を担当する王府組織「ヒキ」の下卒。

当《あたい》
首里城内に詰め諸儀礼を担当する事務職。

代官《だいかん》
年貢の徴収を担当する職。首里の平等《ひら》代官・東代官・島尻代官・浦添代官・越来代官・今帰仁代官・久米代官の七代官が設置された。

奉行《ぶぎょう》
土木工事などのプロジェクトを担当する臨時職。総奉行・木奉行・石奉行などがある。里主クラスが就く。

奥渡《おくと》より上《かみ》の訯理《さばくり》
奥渡より上(奄美大島・喜界島・徳之島・沖永良部島・与論島)の統治を担当する王府の中央官僚。

八重《やえ》山《やま》間切《まぎり》大掟《おおおきて》
八重山間切(石垣島・西表島・波照間島・与那国島)の統治を担当する王府の中央官僚。

宮古《みやこ》間切《まぎり》大掟《おおおきて》
大宮古間切(宮古島・伊良部島・多良間島)の統治を担当する王府の中央官僚。

地方の制度（１）

王国全域には行政区の「間切・シマ」が設定されていました。村落共同体のシマ（近世の村）を単位に、いくつかのシマがまとまって間切を構成していました。シマは現在の字、間切の区域は沖縄県の市町村としてある程度、継承されています。

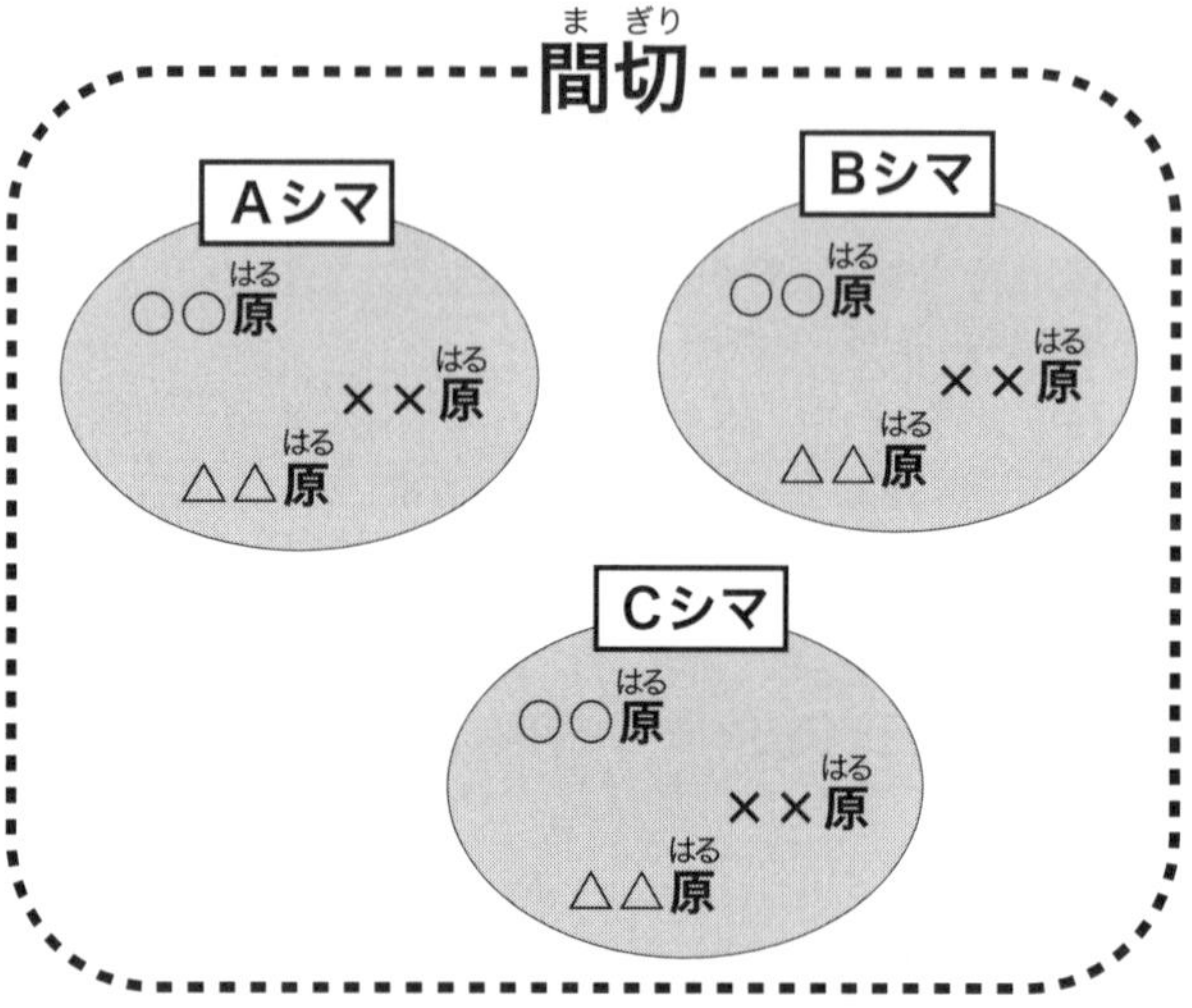

古琉球の間切概念図

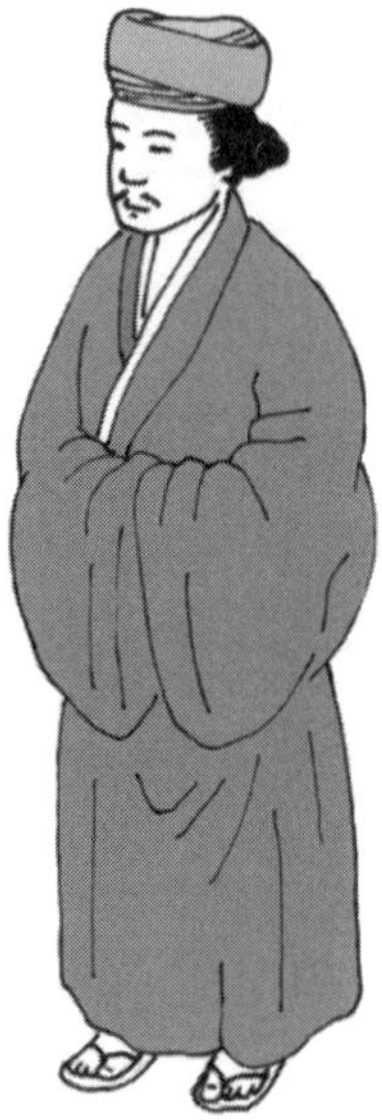

シマはグスク時代以来の伝統集落に由来していましたが、間切は王府によって人工的に区画されたものです。シマ内はさらに「原（後の小字）」という地名が付けられていました。

間切には王府より任命された地方役人（おゑか人）がいて行政を担当していました。各シマには掟、間切には間切掟（大掟・西掟・南風掟）がいて真人（庶民）たちを支配しました。間切の長は首里大屋子で、同ランクの各シマの大屋子も行政を指導しました。王府中央には間切名とシマ名を冠する大屋子もい（後の地頭）がいましたが、彼らは名づけられた間切・シマの里主所（耕作地）から給料を得ていただけで、基本的に首里に居住していました。

【沖縄島の間切行政組織】

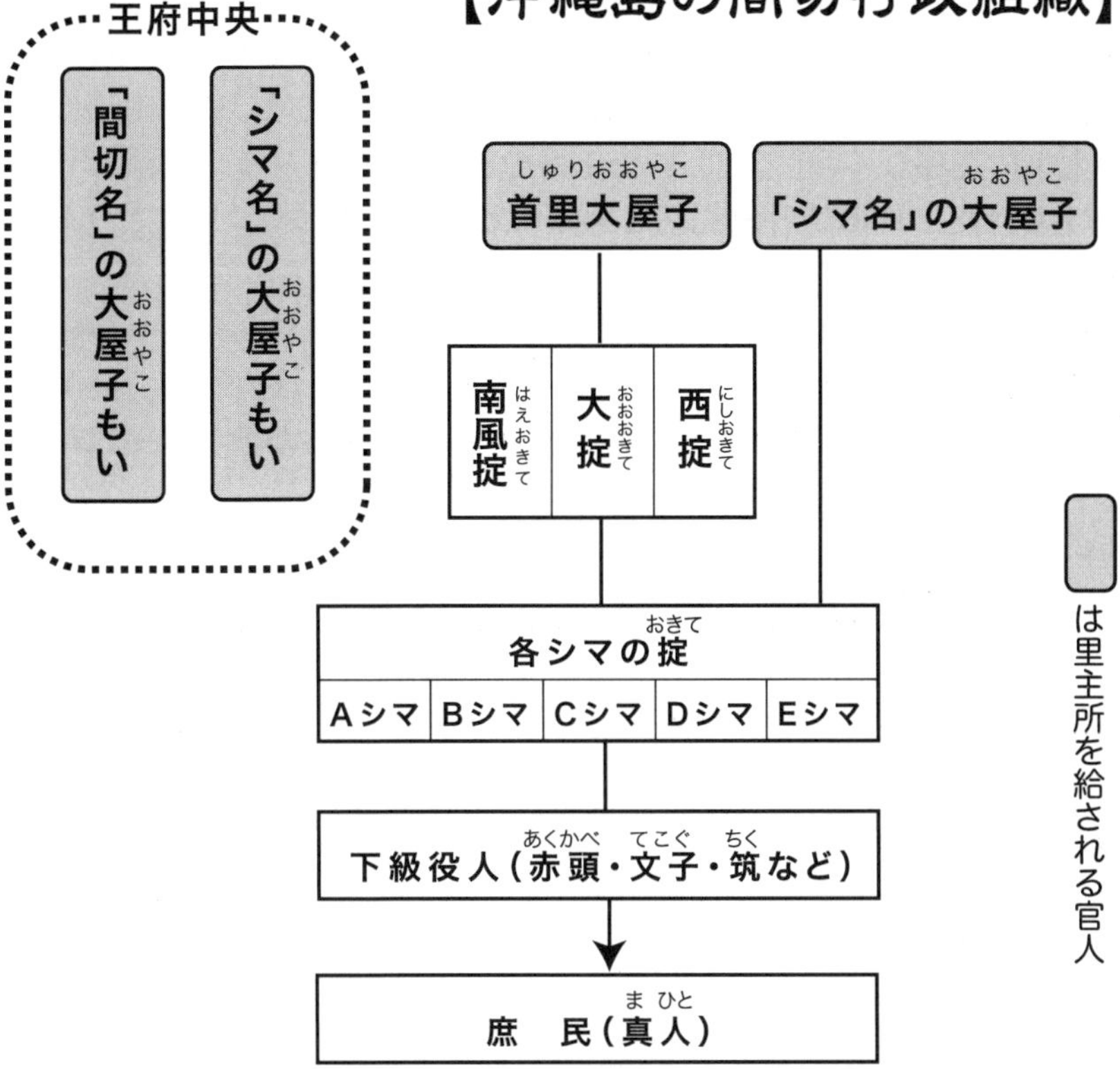
王府中央
「間切名」の大屋子《おおやこ》もい
「シマ名」の大屋子《おおやこ》もい
首里大屋子《しゅりおおやこ》
「シマ名」の大屋子《おおやこ》
南風掟《はえおきて》
大掟《おおおきて》
西掟《にしおきて》
各シマの掟《おきて》
Aシマ
Bシマ
Cシマ
Dシマ
Eシマ
下級役人（赤頭《あくかべ》・文子《てこぐ》・筑《ちく》など）
庶民（真人《まひと》）
は里主所を給される官人

【地方の特別職】

山北監守《さんほくかんしゅ》（今帰仁按司《なきじんあじ》）

金武間切以北の沖縄島一帯を統括する長。今帰仁を拠点に王族（尚韶威《しょうい》一族）が代々世襲した。

大首里大屋子《おおしゅりおおやこ》

八重山間切と大宮古間切の各地区に設置された現地の長。近世の頭《かしら》職。首里大屋子の上に立つ。

与人《よひと》　**目差《めざし》**

与人は奄美・先島地域にのみ設定された下級職。目差は沖縄島中南部以外に設置された下級職。シマ掟とほぼ同格。

地方の制度(2)

古琉球では田畑の面積を、収穫量をもとにした「カリヤ・ヌキ」という単位を使って計っていました。田は「カリヤ」、畑は「ヌキ」と別々の単位で、３進法・８進法・１０進法が混ざった複雑な仕組みでした。また田畑は面積の大小に関係なく、畦《あぜ》で囲われた１つの田んぼを「１マシ」、農道などで区分けされた１片の畑(後世、切《チリ》と呼ばれる)を「１オホソ」として数えていました。

納税や役人への土地給与などはこれらの単位をもとにして行われました。江戸時代に琉球王国が薩摩の支配下に入ってからは日本の石高制が導入されたものの、現場では古来からの「カリヤ・ヌキ」が使われ続けたようです。

【古琉球の丈量単位、カリヤ・ヌキ】

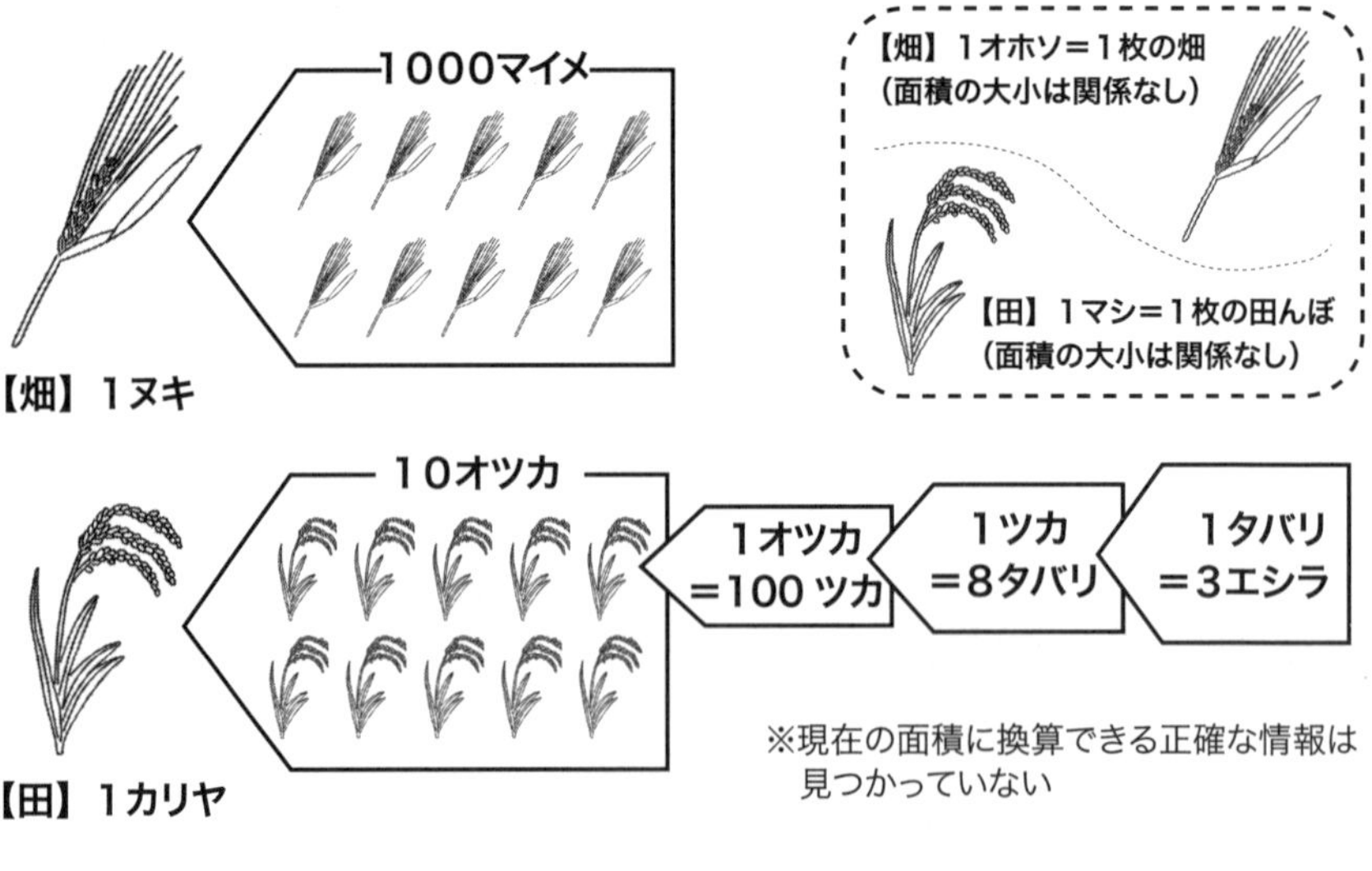

1000マイメ
【畑】1ヌキ
【畑】1オホソ=1枚の畑
(面積の大小は関係なし)
【田】1マシ=1枚の田んぼ
(面積の大小は関係なし)
10オツカ
1オツカ
=100ツカ
1ツカ
=8タバリ
1タバリ
=3エシラ
【田】1カリヤ
※現在の面積に換算できる正確な情報は
見つかっていない

田畑は所在する原名が明記され、「面積・何枚分の耕作地」と表わされました。例えば

【6カリヤ・田に49マシ】は、「6カリヤの面積が49枚の田んぼに存在する」

【140ヌキ地・畑7オホソ】は、「140ヌキの面積が7枚の畑に存在する」

という意味です。

【古琉球の耕地区分】

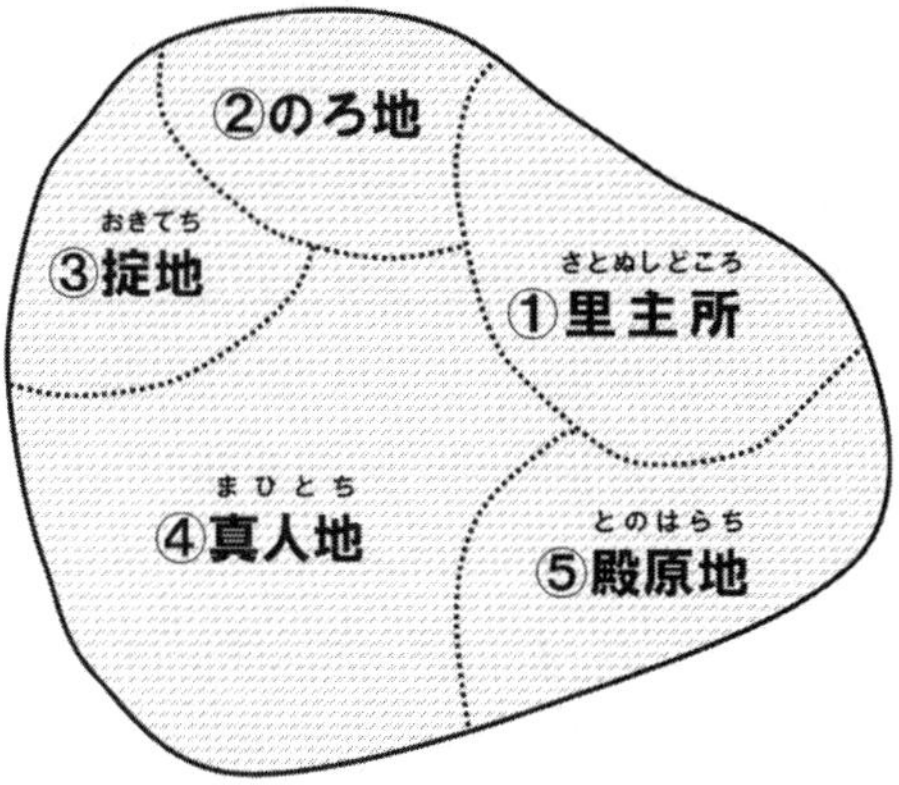

各地のシマ内には様々な種類の耕作地がありました。全ての王国内の耕作地は首里の王府で細かい面積まで把握されていて、王府官人・神女（ノロ）の所得として国王から与えられました。官人は与えられた耕作地が所在する間切名・シマ名を冠して呼ばれ、所得地がくら替えされると名前を変えました。

【例】①天久のシマの里主所を与えられた大屋子もい→**天久の大屋子もい**
②天久から儀間の里主所へくら替え→
「天久の大屋子もい」から**「儀間の大屋子もい」**へ改名

①里主所…エリート層（大屋子もい・里主・首里大屋子・シマの大屋子）の所得耕作地。
②のろ地…神女（ノロ）の所得耕作地。
③掟　地…間切役人（間切掟・シマ掟）の所得耕作地。
④真人地…庶民（真人）たちの耕作地。
⑤殿原地…不明。王府官人の所得耕作地か。殿原は「貴人」の意味。

【古琉球の租税制度】

カナイ（貢） **ミカナイ（御貢）** 穀物（米・麦・雑穀）などの年貢。

ササゲ（捧） **ミササゲ（御捧）** 年貢以外の貢ぎ物。山海の産物や布などの物品。

テマツカイ（手間遣い） 労働役。スカマ（1労働日）を単位に土木作業や耕作などに従事した。

王府官人・ノロの所有する土地からはカナイ・ササゲという租税が徴収され、各人の所得となっていました。また所有地に属する真人（庶民）にはテマツカイという労働役が課せられ、様々な作業に使役させられていました。全ての土地には国王への租税（ミカナイ・ミササゲ）がかけられていましたが、官人の所得地では免除される場合も多かったようです。

王国の対外貿易

古琉球王国はアジアとの交易活動によって繁栄しました。1372年に中国・明朝を中心とした国際体制（冊封・朝貢体制）に参入すると、明朝の海禁政策で貿易を禁止された民間海商にかわってアジア各地との中継貿易を行います。明朝は新興国の琉球を有力な交易国家に育てるため、大型海船の無償提供や外交・航海スタッフの派遣、朝貢貿易の無制限など琉球を徹底的に優遇します。海禁政策のもとで民間海商が地下にもぐり「倭寇《わこう》化」しないよう、彼らを琉球が行う公的貿易の体制内にとりこませて合法的に活動できる機会を与えたのです。

また明朝は朝貢してくる琉球に高価な返礼品を与え、これが数倍の利益になりました。資源や産物のとぼしい琉球では、少ない元手で大きな利益の出る朝貢貿易と、アジア各地の特産物を転売する中継貿易は好都合でした。琉球は国営による貿易を行い、国王がＣＥＯ（最高経営責任者）、国家がそのまま「貿易商社」となっていました。交易活動の範囲は日本・朝鮮・中国・東南アジアと海域アジア世界全域に及びます。アジアの広大な海は「琉球人の海」となったのです。

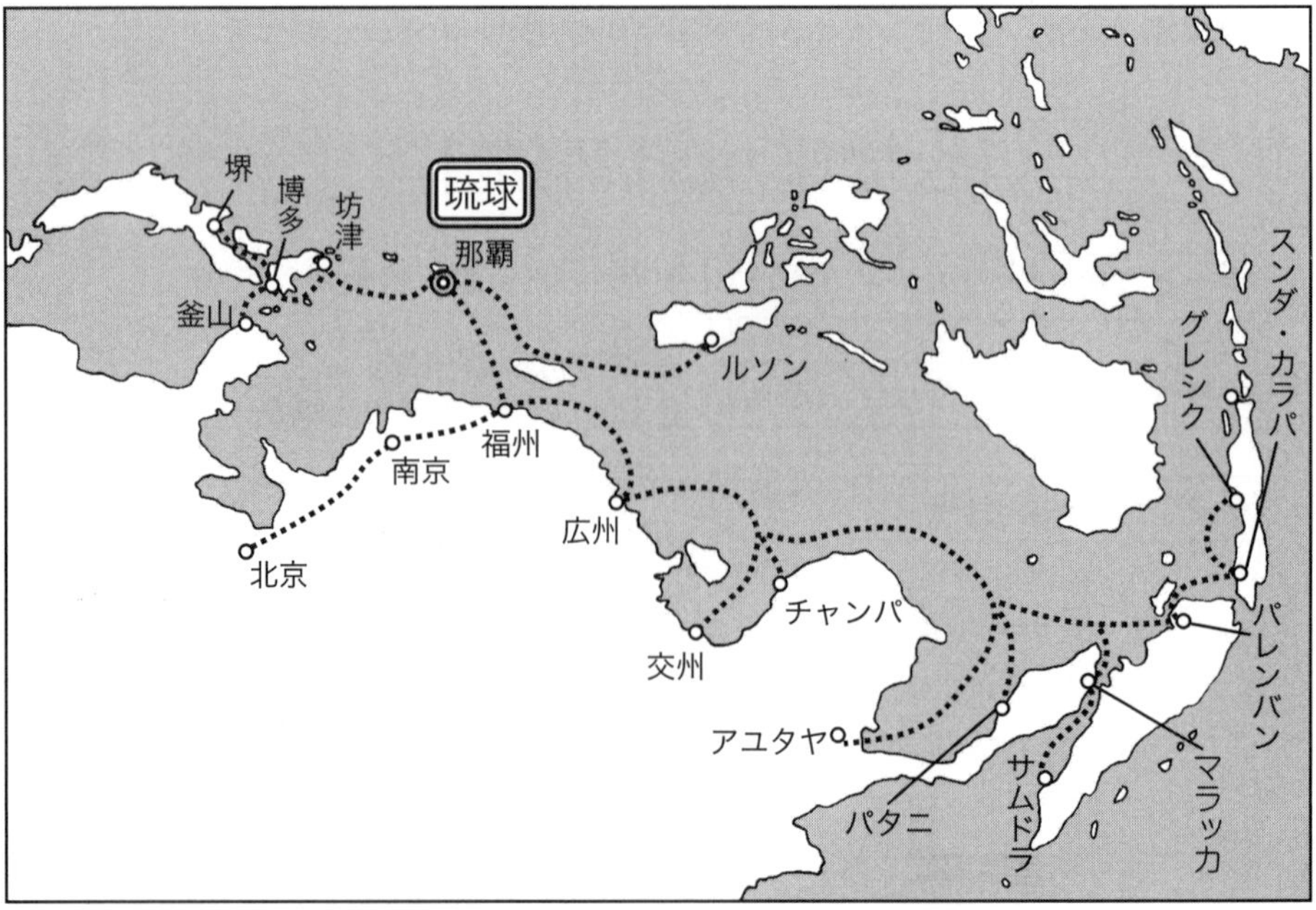

琉球王国の交易ルート（14〜16世紀）

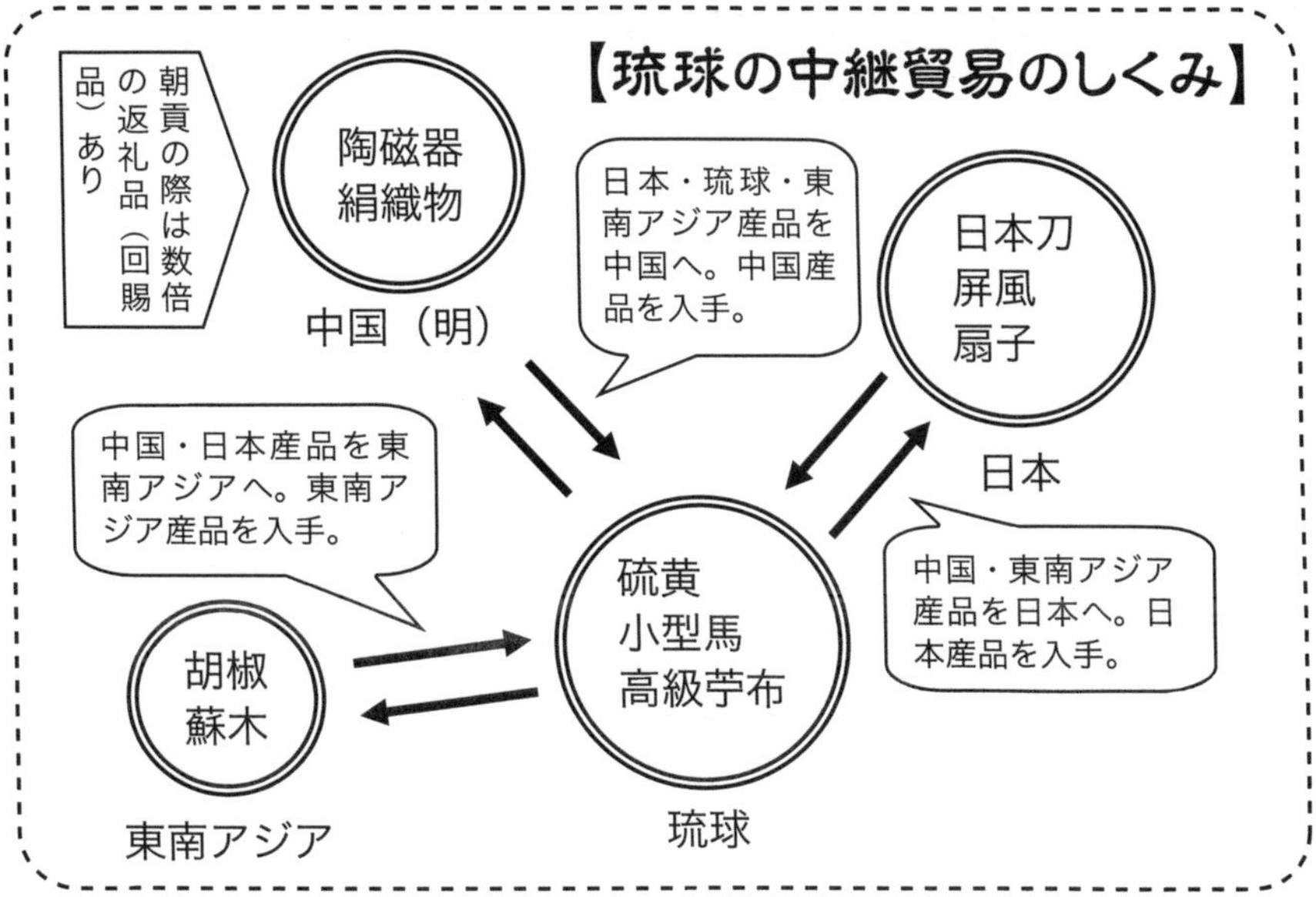
【琉球の中継貿易のしくみ】
朝貢の際は数倍の返礼品（回賜品）あり
陶磁器
絹織物
中国（明）
日本・琉球・東南アジア産品を中国へ。中国産品を入手。
日本刀
屏風
扇子
日本
中国・日本産品を東南アジアへ。東南アジア産品を入手。
硫黄
小型馬
高級苧布
琉球
中国・東南アジア産品を日本へ。日本産品を入手。
胡椒
蘇木
東南アジア

中国払い下げの大型海船には「順」字号、「徳」字号、「義」字号などと、それぞれ名前が付けられていました。

琉球の交易船（ジャンク船）。琉球の大型外洋船はすべて明朝の軍艦を無償で払い下げたものでした。中古とはいえ、当時世界最高水準の技術で造られていて、今でいえば「イージス艦」のようなものでしょうか。このクラスの船を琉球は自前で建造することができませんでした。ジャンク船は大型船のみで、琉球の一般的な船は和船タイプでした。

全長約30〜40メートル
乗員：300名
琉球の交易船（ジャンク船）

国際港湾都市・那覇

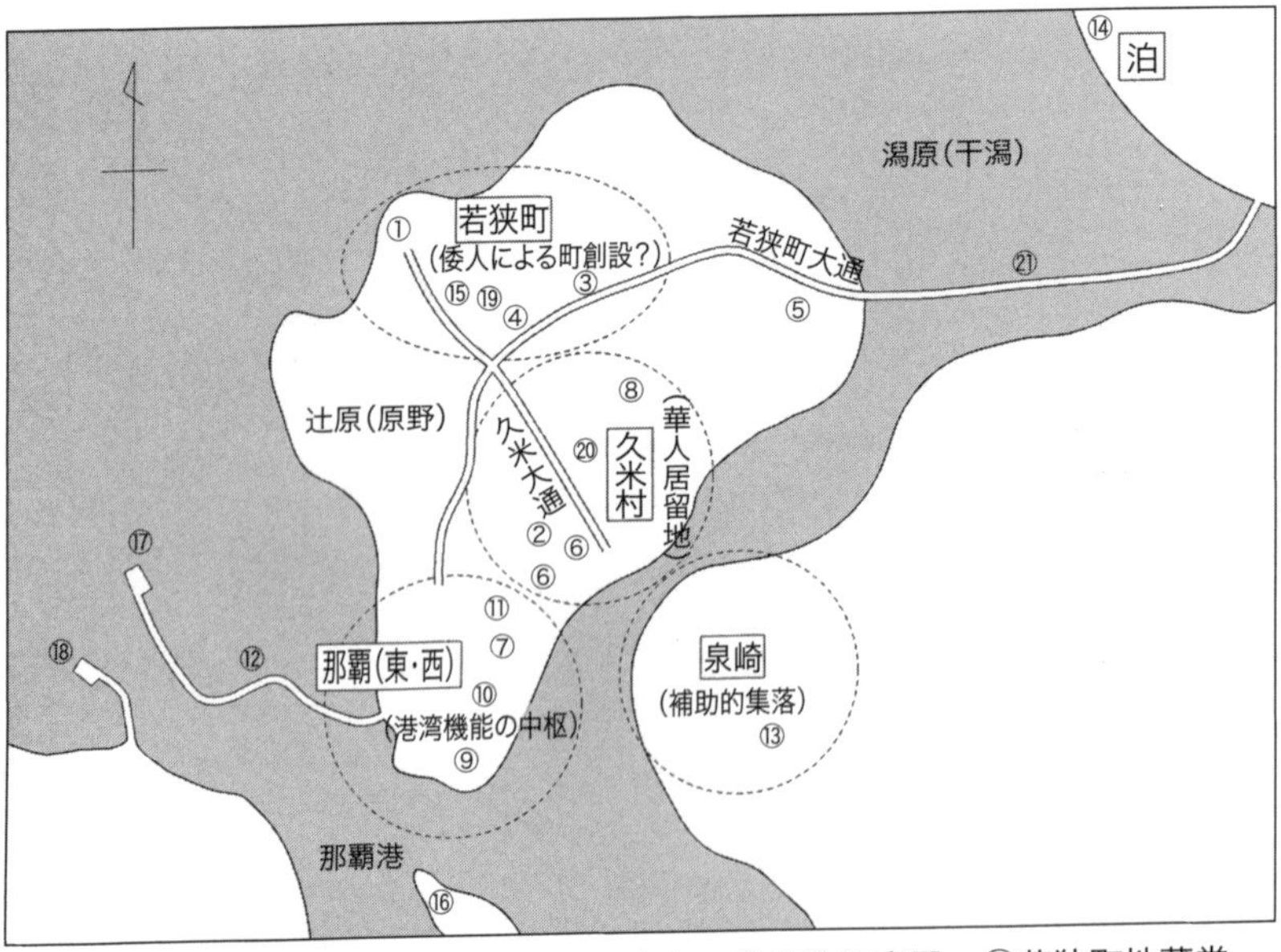

①波上熊野権現・護国寺　②天満宮・長楽寺　③若狭町夷殿　④若狭町地蔵堂
⑤浮島神社・長寿寺　⑥天妃宮（上・下）　⑦親見世　⑧桂林寺
⑨那覇地蔵堂　⑩夷殿　⑪天使館　⑫沖宮・臨海寺　⑬湧田地蔵堂
⑭天久宮・聖現寺　⑮天尊廟　⑯御物（見物）グスク　⑰三重グスク
⑱屋良座森グスク　⑲広厳寺　⑳東禅寺　㉑長虹堤

海域アジアの交易国家・琉球の心臓部が港湾都市の那覇でした。14世紀、中国の治安悪化によって琉球諸島が日中間航路のメインルートとなります。その結果、中継地点として天然の良港だった那覇に華人や日本人など対外勢力の居留地が自然発生的につくられたのです。那覇は琉球の他地域とは全く異質な社会でした。いわば村落社会の沖縄島にできた「ミニ・シンガポール」といったところでしょうか。琉球の現地権力は那覇の対外勢力を外交・交易活動に活用し、王都・首里とともに那覇は琉球王国の重要拠点となっていきます。

当時の那覇は浮島になっていて、約１キロの海中道路で沖縄本島とつながっていました。浮島内には久米村をはじめとした居留地、王府の交易施設である親見世《おやみせ》や御物《おもの》グスク、中国冊封使の宿泊する天使館《てんしかん》、対外勢力によってもたらされた神社や寺院、天妃宮《てんぴぐう》など「異国」の宗教施設が並んでいました。

那覇に住む日本人や華人。彼らは対立することなく共存していました。対外勢力の人々は民間商人（倭寇含む）だけではなく、禅僧や文化人、医師、技術者、女性など様々でした。なかには南九州（大隅《おおすみ》）の役人でありながら、琉球（おそらく那覇）に妻子を持っていた者もいます。那覇の日本人は琉球地元民と雑居して暮らしていました。

【那覇の主要な王府職】

御物城御鎖之側《おものぐすくおさすのそば》
王府の交易業務と那覇行政の長官。
御物グスクとは那覇港に浮かぶ貿易倉庫。

御物城《おものぐすく》の大屋子《おおやこ》
御物城御鎖之側に次ぐ職。後代、単に「御物城」と呼ばれ、那覇里主とともに那覇行政の長となった。

那覇里主《なはさとぬし》
那覇行政を担当する職。後に御物城とともに那覇行政の長となったが、１６３８年まで専用の役所はなく、借宿で業務を行っていた。

那覇《なは》の大文子《おおてこぐ》
那覇大筆者《おおひっしゃ》・御物城大筆者ともいう。
那覇里主のもとで那覇行政に従事した事務職。

親見世大屋子《おやみせおおやこ》
王府の交易施設「親見世」に勤務する職。
定員３名の交替制。

東殿《ひがしどの》 **西殿《にしどの》** **若狭殿《わかさどの》** **宗辺勢頭《そべせど》**
「那覇（東・西）」「若狭町」「泉崎」の行政を担当する職。後の「問（とい）役」。

泊里主《とまりさとぬし》
「泊」の行政を担当するとともに、泊港に入港する奄美地域の年貢徴収を行った。

久米村(唐営)の人々

14世紀頃、華人たちは日中間の交易活動の中継基地として那覇に土の城壁で囲われた居留地をつくりました。この居留地は「唐営《とうえい》(久米村)」と呼ばれ、後に明朝より派遣された福建出身のスタッフたち(閩《びん》人三十六姓)もここに合流します。初期の久米村は独立した勢力でしたが、現地権力(三山)に協力して琉球の外交・交易の実質的な活動を担いました。

明朝によって私的な交易活動が禁止されると、久米村の華人たちは公認された琉球三山の体制内に入り込むことで貿易を続けました。三山にとっても彼ら優秀なスタッフを活用することができ、三山と久米村は相互依存の関係を築いたのです。

明朝風の姿をした久米村の華人

明朝の冠服を着た久米村の華人

琉球で最初に冠服を中国皇帝に求め、やがて琉球人たちもそれに続いた。

久米村の華人たちのなかには、琉球の政権の中枢で政治・外交を指導する人物も出てきます。代表的な人物は懐機《かいき》。彼は中山王・尚巴志の側近として琉球の統一事業に活躍し、第一尚氏政権を支えました。

華人たちは琉球にいても琉装はせず、ずっと明朝風の格好をしていました。久米村の人々が琉球人と変わらない習俗となるのは薩摩藩の琉球征服後、1650年のことです。

久米村は明朝皇族の家政機関「王府」を模倣した組織を編成していましたが、やがて琉球の現地権力との結びつきを強めていくなかで、この「王府」は琉球王権の自称となっていきます。ただし、琉球の政体は明朝の王府制度とは全く違う、独自の官人組織でした（「王府の中央組織」を参照）。

【久米村の役職】

王相《おうしょう》
国相《こくしょう》ともいう。王府の最高政治顧問で初期久米村の統括者でもあった。明朝の正五品のランクと同列に位置づけられた。

長史《ちょうし》
本来は王府内の長史司《ちょうしし》という機関の長。左右２人の長史があり、王の命令を伝達し、進貢など外交業務も担当した。

正議大夫《せいぎたいふ》
15世紀後半に久米村に新設された役職。進貢職で正副使を担当した。

典簿《てんぼ》
本来は王府の長史司に属し、公文書などを扱った。琉球では名目上の役職か。

通事《つうじ》
進貢業務や東南アジア交易において通訳などをつとめた。

総理唐栄司《そうりとうえいし》
15世紀後半以降に久米村を統括した役。後に「久米村総役《そうやく》」と呼ばれた。

千戸《せんこ》
明朝の地方軍事組織・千戸所《せんこしょ》の長。千人の兵を統率する。琉球では名目上の職か。

火長《かちょう》
琉球船の航海長。久米村の華人が就いた。

梢水《しょうすい》
琉球船の水夫。久米村の華人が就いた。

古琉球の建築

古琉球時代に一般的だった板ぶき屋根の建物。玉陵と園比屋武御嶽の石門をもとに復元しました。この頃には赤瓦は存在していません。

門は「唐門」という形式で、室町幕府の将軍邸にも使われていました。首里城は1671年に瓦ぶきに改築されましたが、それまではこのような板ぶき屋根の建物だったわけです。

座喜味グスク石門の復元図。外からの侵入を防ぐため門には扉が付けられています。座喜味グスクのアーチ門は沖縄最古とされ、16世紀頃のものと考えられています。アーチ門を築くのは高度な石造技術が必要です。

浦添グスク発掘の高麗瓦をもとに
再現した古琉球の瓦屋根

古琉球には灰色の高麗系瓦、大和系瓦が使われていて、遅れて明朝系瓦が登場します。瓦がまとまって出土する場所は浦添グスク、首里城、勝連グスク、崎山御獄遺跡の４ヵ所しかなく、王や按司などの有力者・富裕層のみが建てることができた豪華な建築だったようです。このほか出土例はありませんが、那覇久米村の華人たちの邸宅も中国風の瓦建物だったとの記録が残っています。

浦添グスクで発見された鬼瓦

古琉球の高麗系瓦・大和系瓦は朝鮮半島や中世日本の瓦と全く同じ形式だったわけではなく、基本的な技術を受け継ぎながらも琉球独自の発展をとげています。しかし高麗系・大和系瓦は１５世紀半ばに生産が途絶えてしまいました。

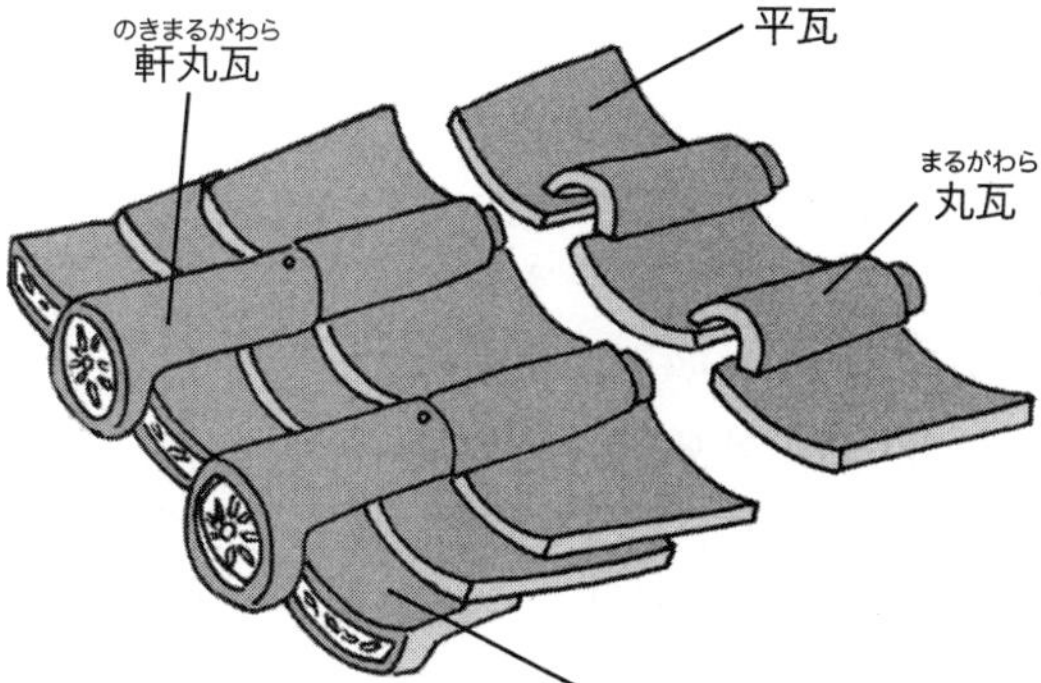

軒丸瓦《のきまるがわら》
平瓦《ひらがわら》
丸瓦《まるがわら》
軒平瓦《のきひらがわら》

古琉球の高麗系瓦・大和系瓦

メイド・イン・リュウキュウ

カムィヤキ

カムィヤキ。11世紀頃の徳之島で大量生産され、琉球諸島全域で流通した硬質土器。歴史上初めての「メイド・イン・リュウキュウ」の商品です。朝鮮半島や中世日本の技術の特徴を持つといいます。北方からの組織的な商業集団が、琉球産物の代価とするため徳之島を拠点に生産したと考えられています。

【袋中《たいちゅう》が残した工芸品】

古琉球の工芸品は現在あまり残っていません。しかし17世紀はじめに琉球を訪れた日本の浄土僧・袋中《たいちゅう》が品々を持ち帰り、キレイな状態で現存しています。椅子やクバ団扇《うちわ》のほか、尚寧王から贈られた香炉・朱漆の鉢、螺鈿細工の卓や掛板、中国西湖の風景画などがあります。

黒漆塗りの椅子

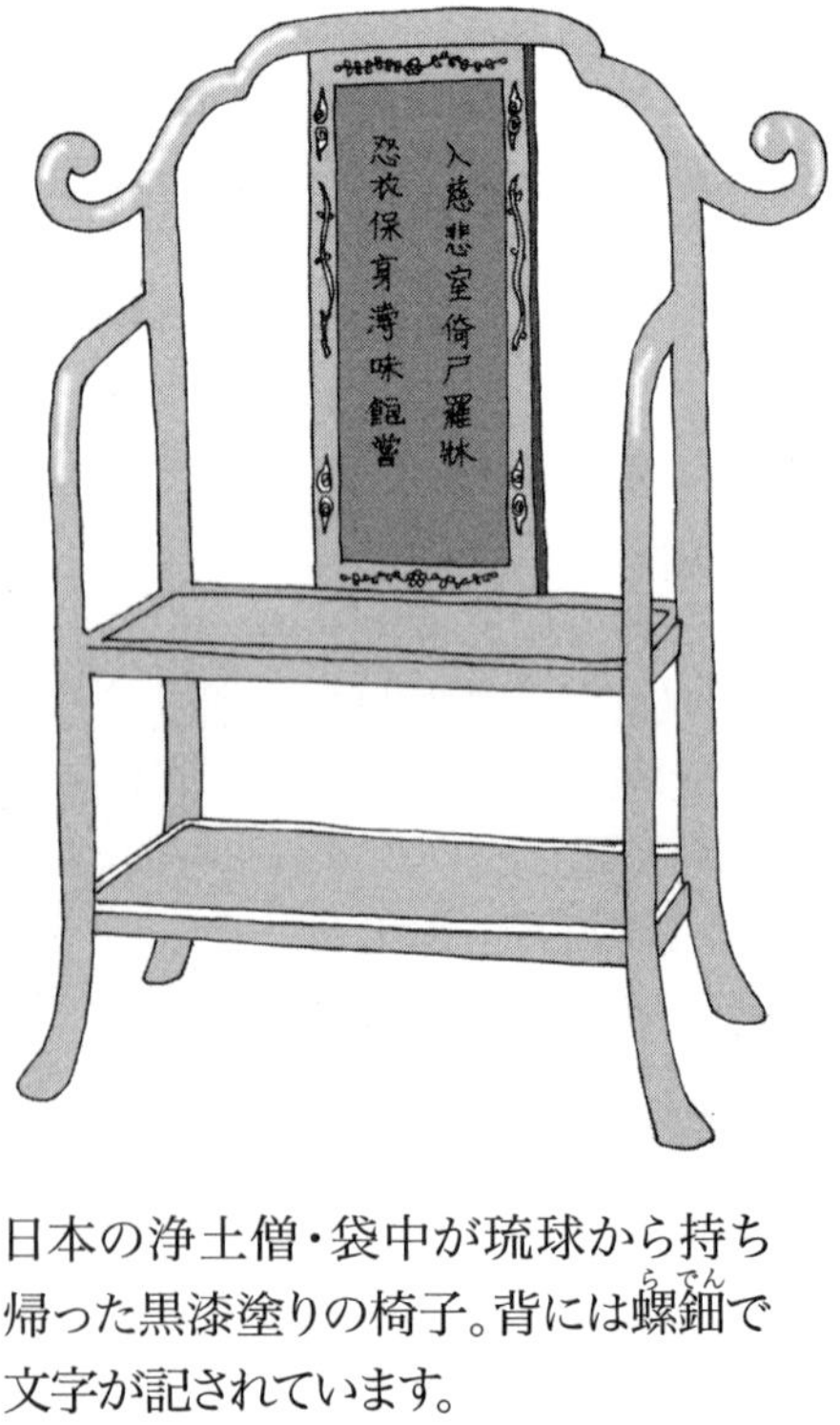

日本の浄土僧・袋中が琉球から持ち帰った黒漆塗りの椅子。背には螺鈿《らでん》で文字が記されています。

古琉球王国では金工品や漆器など、高度な技術を駆使した美術工芸品を作ることができました。王府内にはお抱えの職人・技術者集団がいて、王府直営の工房も存在したようです。ここで制作された品々は王族の所蔵とされたり、家臣に与えたりと国内で使われたほか、国外への輸出品、中国・明朝への朝貢品としても贈られました。

古琉球には対外貿易で様々な宝物・美術工芸品が入ってきましたが、琉球はこれらを転売するだけではなく、外来の技術を導入することで、舶来品にひけをとらない「メイド・イン・リュウキュウ」の工芸品制作を可能にしたのです。

朱漆塗りの漆器(16〜17世紀)

朱漆塗りの漆器(16〜17世紀頃の制作)。天目茶碗をのせる台(天目台)で、沈金(漆器の彫り込みに金箔をすり込んだ模様)で唐草やボタンの花が刻まれています。台の内側には「天」字などがあり、王家の所蔵品とみられます。

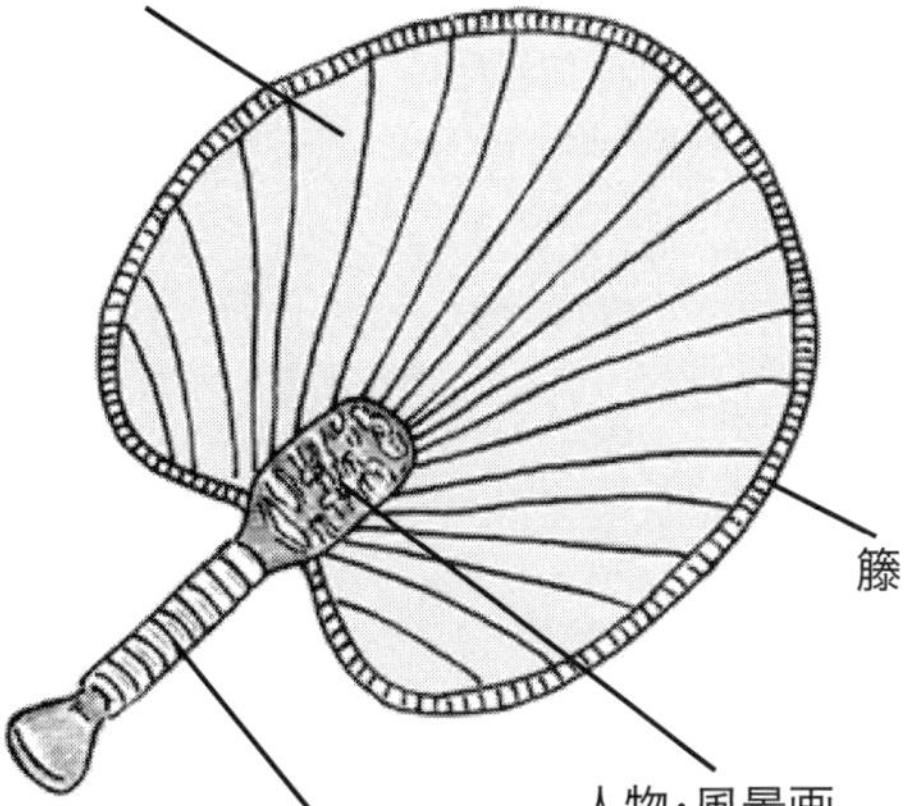

琉球製の高級クバ団扇(17世紀)

尚寧王から日本の浄土僧・袋中に贈られたクバの団扇。高級品らしくクバの周りは籐で補強され、竹製の柄には密陀絵《みつだえ》(密陀の油を使う油絵の一種)で人物・風景画が描かれています。

古琉球の文字とデザイン

第一尚氏の霊廟・慈恩寺《じおんじ》にあった橋の欄干《らんかん》（一部）

波におどる魚のデザインです。１６６１年に世持橋《よもちばし》に移設されました。

碑文に刻まれた日輪と鳳凰

ともに古琉球王権のシンボルでした。

（「国王頌徳碑(かたのはなの碑)設計・施工監理業務報告書」那覇市市民文化部歴史資料室より）

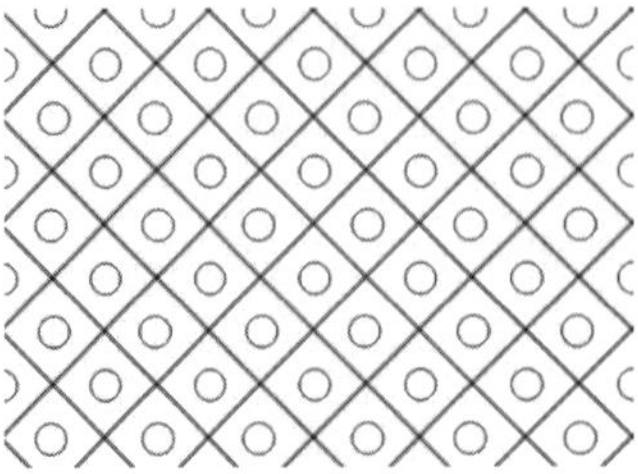

①点斜格子《てんしゃこうし》

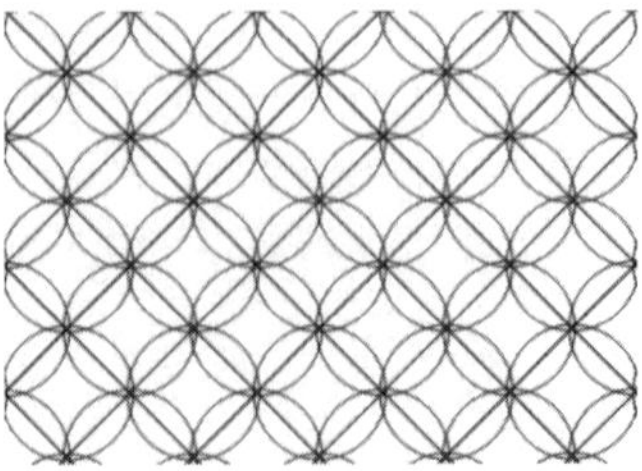

②七宝繋《しっぽうつなぎ》

古琉球漆器によく使われた背景のデザイン。

時代順に①点斜格子、②七宝繋と傾向が変化します。

黒漆塗りに白紙を巻いた弓矢

勾玉《まがたま》（念珠）

【ノロの祭祀道具】

ゲーン・サン（ススキの葉で作った魔除け）

太鼓

玉ガワラ（水晶・サンゴ玉）
勾玉
神扇
（日輪・鳳凰の文様）

琉球では女性の親族が男性を霊的に守護するという「オナリ神信仰」にもとづいて、各地の村落共同体（シマ）に「ノロ」という神女がいました（宮古・八重山では「ツカサ」と呼ばれる）。ノロはシマの五穀豊穣《ごこくほうじょう》などを祈りました。

王国統一以降、神女らは公的儀礼の司祭者として国王より任命され、土地（のろ地）を与えられました。ノロは航海安全や国王の長寿祈願も行っています。ノロ職は女性の親族によって代々受け継がれていきました。

【琉球王国の神女組織】

聞得大君《きこえおおきみ》
琉球王国の最高神女。国王の姉妹が就く。玉御殿《たまうどぅん》の碑文（1501年）に記された「聞得大君の按司、おとちとのもいかね」が初見。

三平等《みひら》の大《おお》あむしられ
聞得大君に次ぐ中央の高級神女。【首里の大あむしられ】【真壁の大あむしられ】【儀保の大あむしられ】の3人。

三十三君《さんじゅうさんきみ》（君々《きみぎみ》）
高級神女。【今帰仁の阿応理屋恵《あおりやえ》】【久米島の君南風《きみはえ》】【伊平屋の二《ふた》かや田《だ》の大あむ】【那覇の大あむ】など。「三十三」とは実数ではなく、単に「たくさん」の意味。

ノロ・ツカサ
各シマにいる末端の神女。祝女、ノロクモイともいう。宮古・八重山では「ツカサ」と呼ばれる。

琉球王国には聞得大君を頂点とした神女組織が編成されていました。聞得大君は王族の女性から選ばれ、「セヂ（霊力）」によって琉球世界を守護する役割を果たしていました。神女は五穀豊穣や国王の長寿、航海安全を祈願しています。また聞得大君は司祭者としてだけではなく、航海神そのものとしても考えられていました。

王国全域のシマにいるノロたちは全て首里の国王によって任命されており、シマ内の耕作地（のろ地）を所得として与えられました。霊力によって古琉球世界に強い影響力を発揮した神女ですが、国王の権力を超えるものではありませんでした。

かんざし（キンカブ）

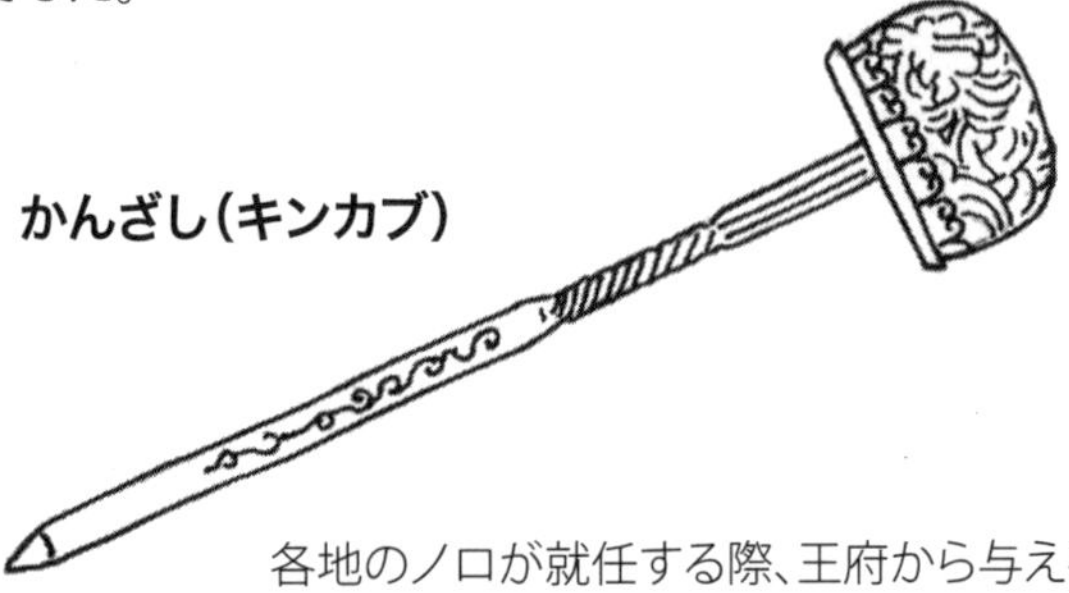

各地のノロが就任する際、王府から与えられたかんざし（キンカブ）。銅合金に金メッキがほどこされていました。

外来の宗教(1)天妃

交易国家・琉球になくてはならなかった神が、航海神の天妃《てんぴ》(媽祖《まそ》)です。天妃はもともと中国福建地方の女性の神でしたが、海上交易が活発となった中国で国家の航海神として重視され、海外に出向く華人たちによって信仰されていきます。

琉球へは久米村の華人たちがもたらしたとみられますが、やがて「唐の菩薩」や「菩薩がなし」と呼ばれて王国の対外貿易船にも載せられました。

天妃は那覇久米村の上・下２つの「天妃宮」に祀られていて、その像が戦前まで残っていました。このほか、久米村には道教の神を祀る天尊廟もありました。

天妃信仰は、華人の活動したアジア世界全域に広がっていました。

戦国時代の九州各地にも華人の居留地（唐人町《とうじんまち》）がつくられ天妃信仰がもたらされています。

今でも九州には明代の天妃（媽祖）像が残されています。琉球の天妃もアジアに広がった天妃宮のなかの一つなのです。

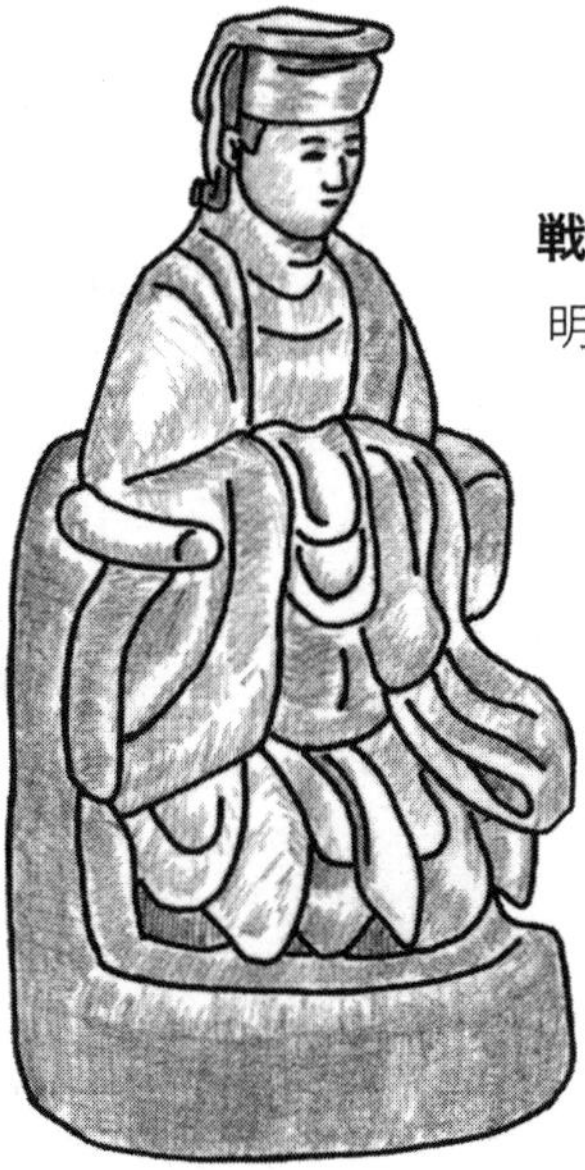

戦前まで残されていた天妃

明代のものとみられます。

外来の宗教(2)仏教

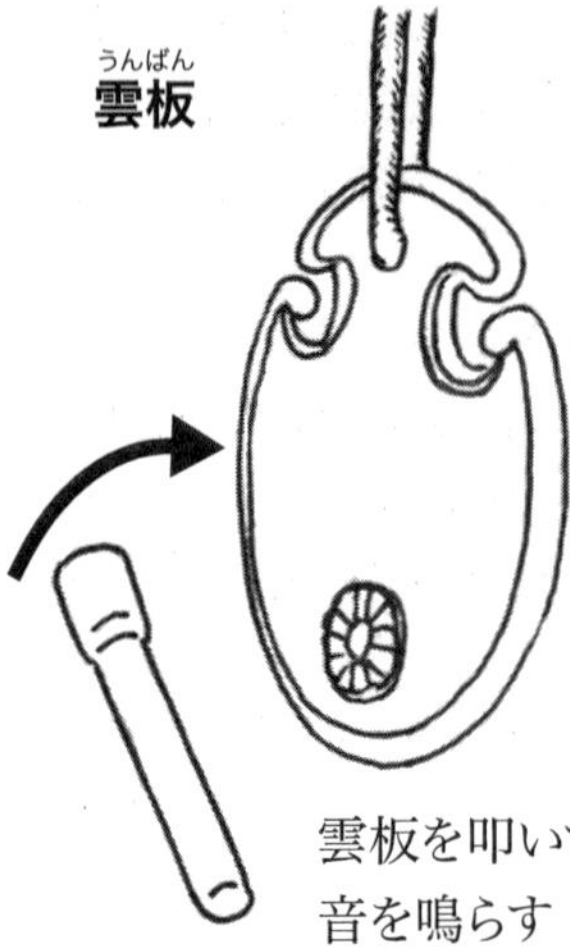

雲板を叩いて
音を鳴らす

仏教は古琉球社会のなかに深く根付いていました。とくに禅宗がさかんで、日本の禅僧たちが多数渡来して仏教を広めました。彼らは仏教のみならず中世日本の文化を伝え、また対日外交の担い手としても活躍しました。禅宗寺院は古琉球の「大学」と「外務省」でもあったのです。

万国津梁の鐘(1458年造)。仏僧・渓隠安潜《けいいんあんせん》が文を起草し、大工・藤原国善《ふじわらのくによし》が製作。首里城の正殿に掛けられた梵鐘です。琉球がアジアとの貿易で繁栄したことが記されていますが、本来の文の主旨は尚泰久王が仏教をさかんにして平和な世の中を築いたことをうたったものです。

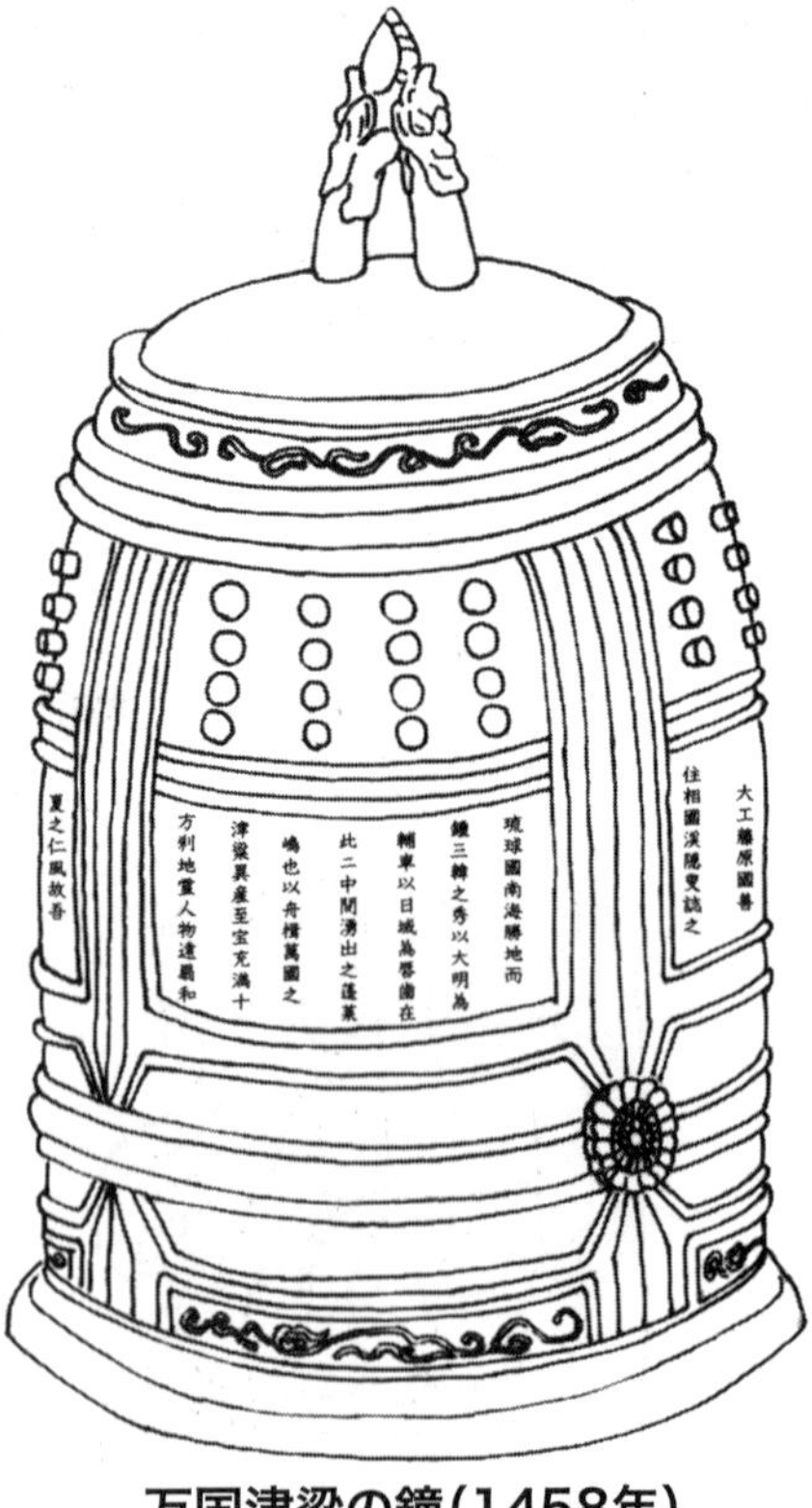

万国津梁の鐘(1458年)

大里城の雲板（1458年造）

琉球国王大世主庚寅慶生
大里城
天順二年 八月八日

大里城の雲板《うんばん》（1458年造）。雲板とは禅宗寺院で使われたドラの一種で、寝起きや食事、座禅の合図に打ち鳴らしました。島添大里グスクの建物に掛けられていたとみられます。大里グスクは「旧宮」と呼ばれ首里城とともに国王の宮殿として使われていました。

古琉球の禅僧

古琉球の禅僧。京都南禅寺派の僧で琉球円覚寺の住持となった芥隠承琥《かいいんじょうこ》や、同じく南禅寺派で琉球天王寺住持の檀渓《だんけい》全叢《ぜんそう》は有名です。彼らはヤマトの禅宗ネットワークを活用し、琉球王府の使者として室町幕府との交渉を担当しました。琉球には京都・大徳寺派の僧も多かったようです。また禅僧は首里城での重要儀礼にも参加しており、琉球王権を維持するために重要な役割を果たしていました。

古琉球の墓制

古琉球の埋葬方法は風葬（遺体を自然風化させた後、遺骨を棺や厨子などに納め、崖下や洞窟に安置する方法）が行われましたが、古琉球の初期には土葬や火葬などの方法もとられていたようです。ちなみに、この頃には亀甲墓は存在していません（亀甲墓の導入は近世に入ってから）。

面白いのは、王府高官の墓が沖縄独特の風葬墓でありながら、墓の前に仏教的な墓碑が建てられていることです。仏教の卍《まんじ》や戒名「大禅定門」が記され、墓が「塚《つか》」と呼ばれています。古琉球の精神世界に仏教が深く根付いていたことを示しています。

【浦添ようどれ】

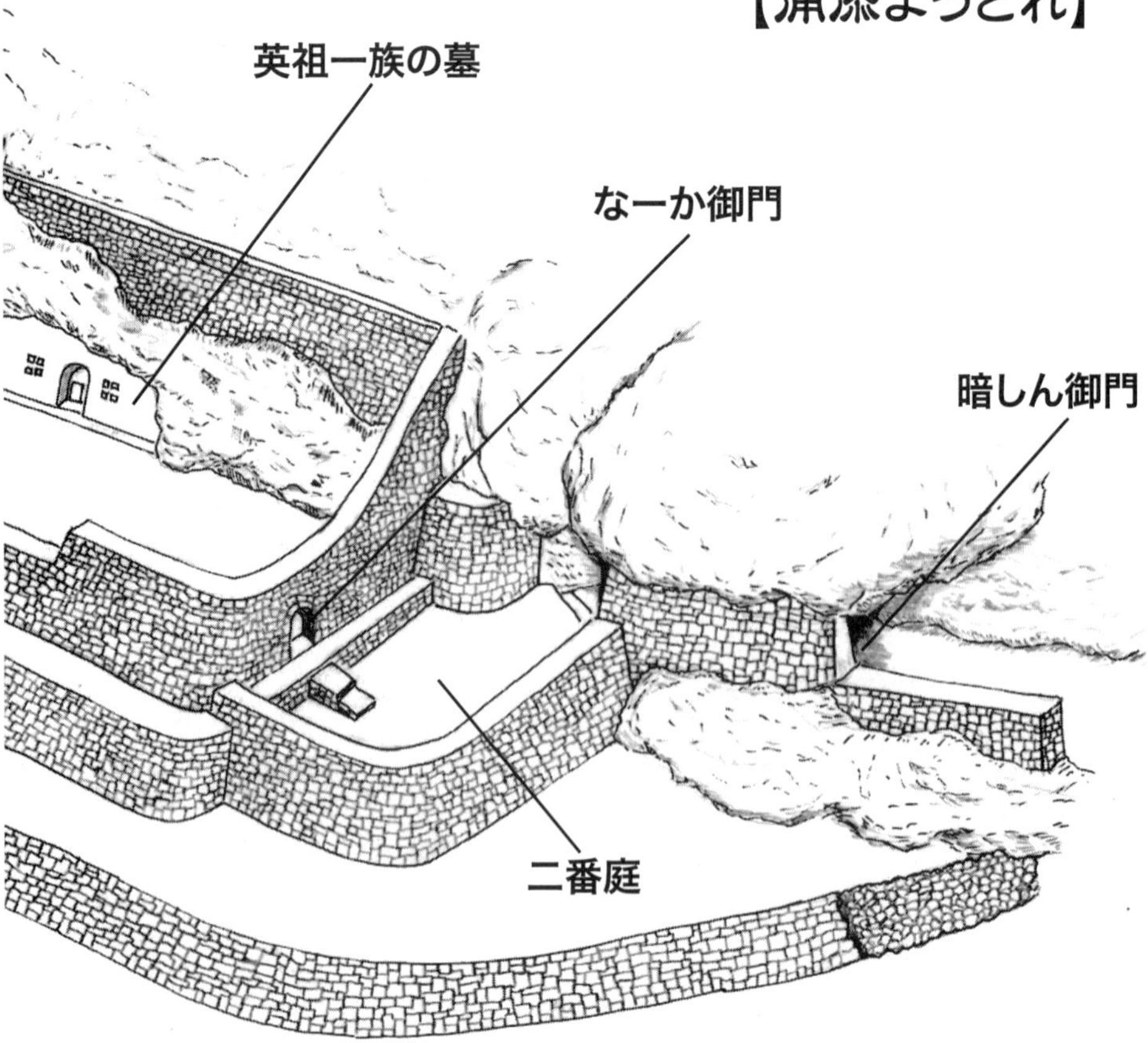

三司官・名護親方の墓碑（1617年）
仏教の卍（まんじ）が刻まれ、「**帰空・良弼大禅定門之石塔／なこのおやかたのつか（名護の親方の塚）…**」と記されています。
（「那覇市文化財調査報告書第25集安謝西原古墓群」那覇市教育委員会より）

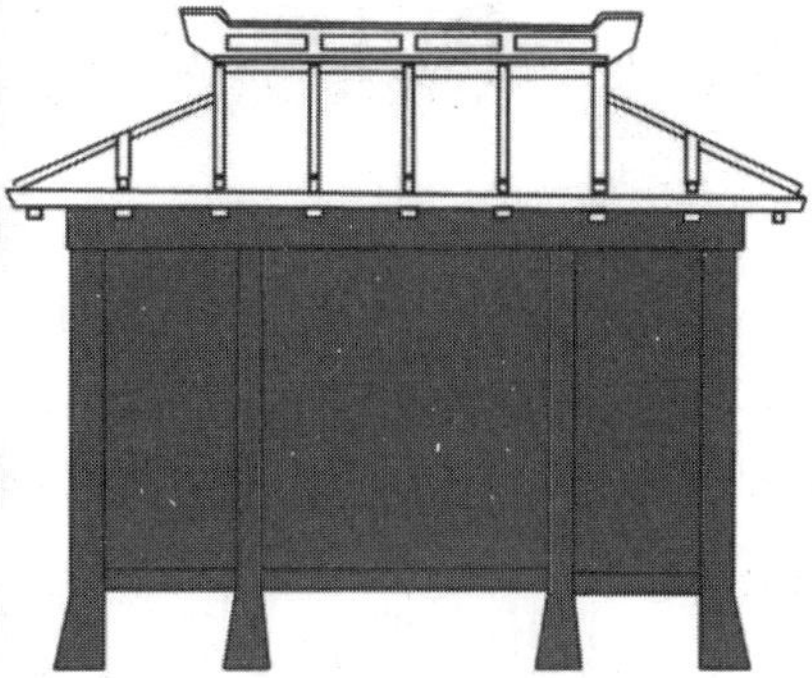

今帰仁の百按司《ももじゃな》墓の木棺（復元図）
朱の漆塗りで、ここに風葬した遺骨を納めました。

王の陵墓・浦添ようどれ。英祖一族と第二尚氏の尚寧王が葬られています。浦添グスク南側の崖下にあるくぼみを石積みと漆喰でふさぎ、さらに周囲を石積みで囲っています。墓室内には石製の棺が置かれ、その中に一族の遺骨がまとめて納められていました。王族の遺骨は風葬されたものだけでなく、火葬されたものも見つかっています。

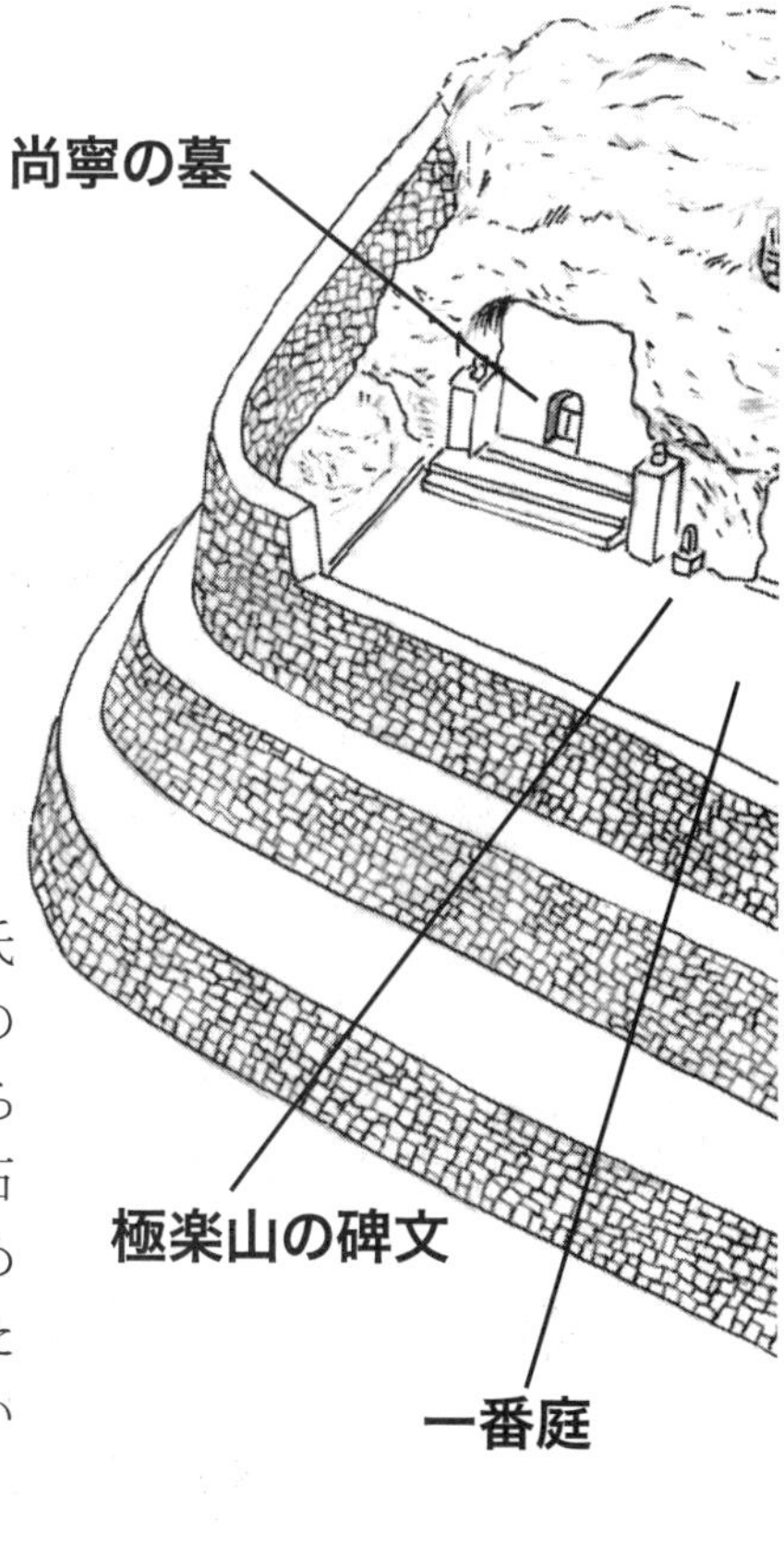

庶民たちの暮らし

古琉球の社会を支えていたのは、各地のシマに住む庶民（真人《まひと》）たちでした。シマには聖地の御嶽があり、その御嶽を基盤に村落共同体がまとまり、祭祀を行っていたようです。

各シマは稲作・畑作と牛の飼育を行っていました。畑作はヘラなどの農具で一つ一つ小さな穴を掘って種をまき、牛糞を肥料とする農法でした。水田は牛に踏ませて耕していました。牛は農耕用としてだけでなく、祭りの際の食用にもされていました。この頃は豚よりも牛のほうが身近な存在だったようです。またサツマイモはこの時期には存在していません（普及は近世に入ってから）。

庶民たちは王府から年貢（カナイ）や貢納物（ササゲ）などの税が課せられていました。また労働役（テマツカイ）もあり、王府役人たちの様々な労働にかり出されていました。

シマでは１年のうち何度も神々に祈りをささげる祭り（神遊び）がありました。近世になって生産効率を重視する王府によって「サボり」とみなされ、それらは禁止されてしまいます。

【古琉球の与那国定食】

❶

❷

与那国島の庶民たちの食事（朝鮮漂着民の証言による）。
❶葉に盛ったオニギリと❷海水で味つけしたスープ。当時の与那国島ではウシやニワトリは飼っていても食べなかったようです。

古琉球時代の一般的にみられた住居（想定復元図）

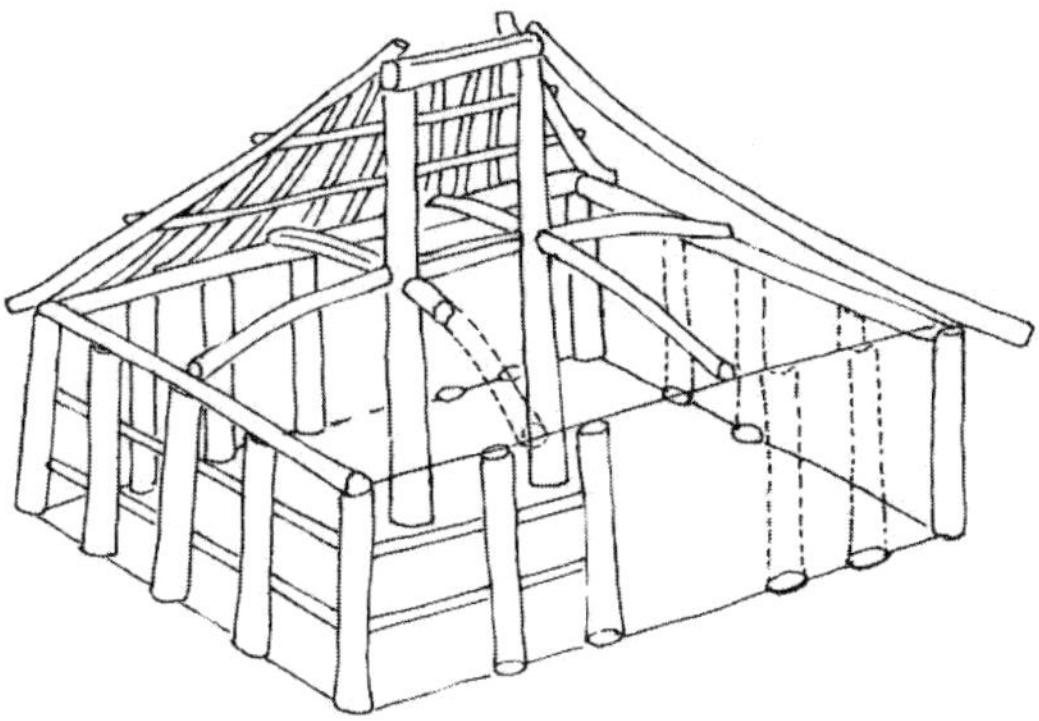

掘立柱の建物で、中央２本の大きな柱で屋根を支えます。屋根は茅ぶきだったと考えられます。人の居住するメインの建物（母屋）の周辺には、穀物を貯蔵する高倉のような付属建物、畑などがあったようです。

農耕は主に畑作（麦・粟など）、稲作（二期作）が行われていました。ヘラや小さな穂つみ鎌を使い、クワやスキはほとんど普及していなかったようです。当時、鉄は貴重品で、牛骨製のヘラなどもありました。

クワ
（久米島・下地原洞穴遺跡出土）

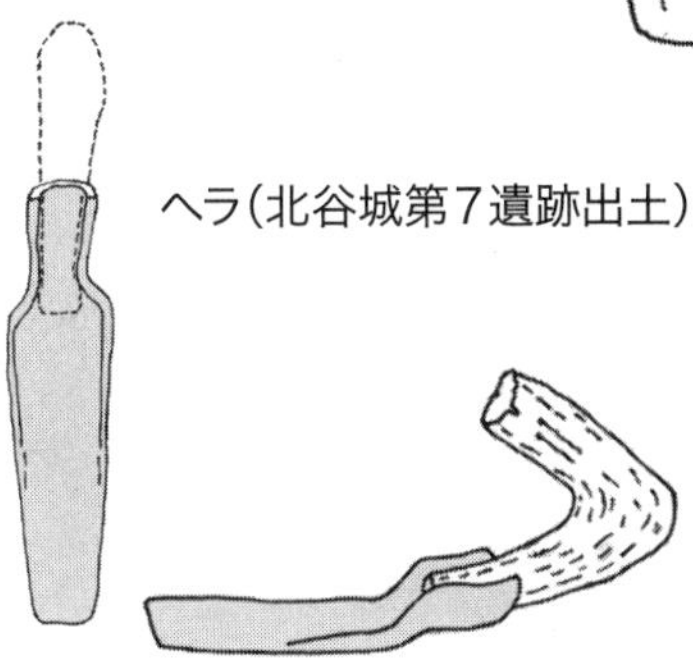

ヘラ（北谷城第７遺跡出土）

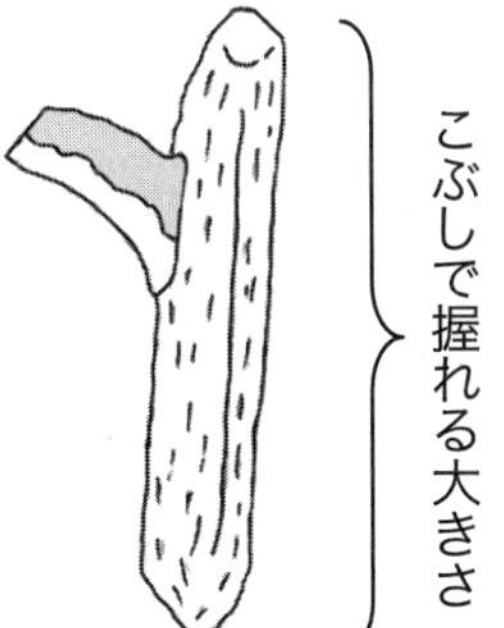

イララ（稲・粟刈り用の小さな鎌）
〈イラナ〉

古琉球の戦争（1）武具

古琉球は、按司の勢力争いや統一戦争などが行われた「戦国の時代」でもありました。尚真王は中央集権化を達成するとともに王府指揮下の強力な軍隊を完成させ、王国領域を拡大しました。琉球は「刀狩り」やそれに類する政策は一切とっていなかったのです。

古琉球の武器・武具は優秀な性能を持つ日本様式のものがほとんどでしたが、全く同じではなく、独自のものに改良され琉球で現地生産されていました。

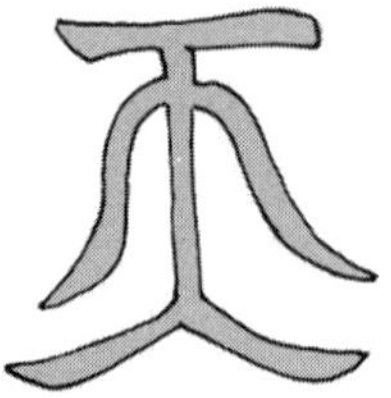

千代金丸に刻印された「天」のマーク。王家の所蔵印と考えられている。

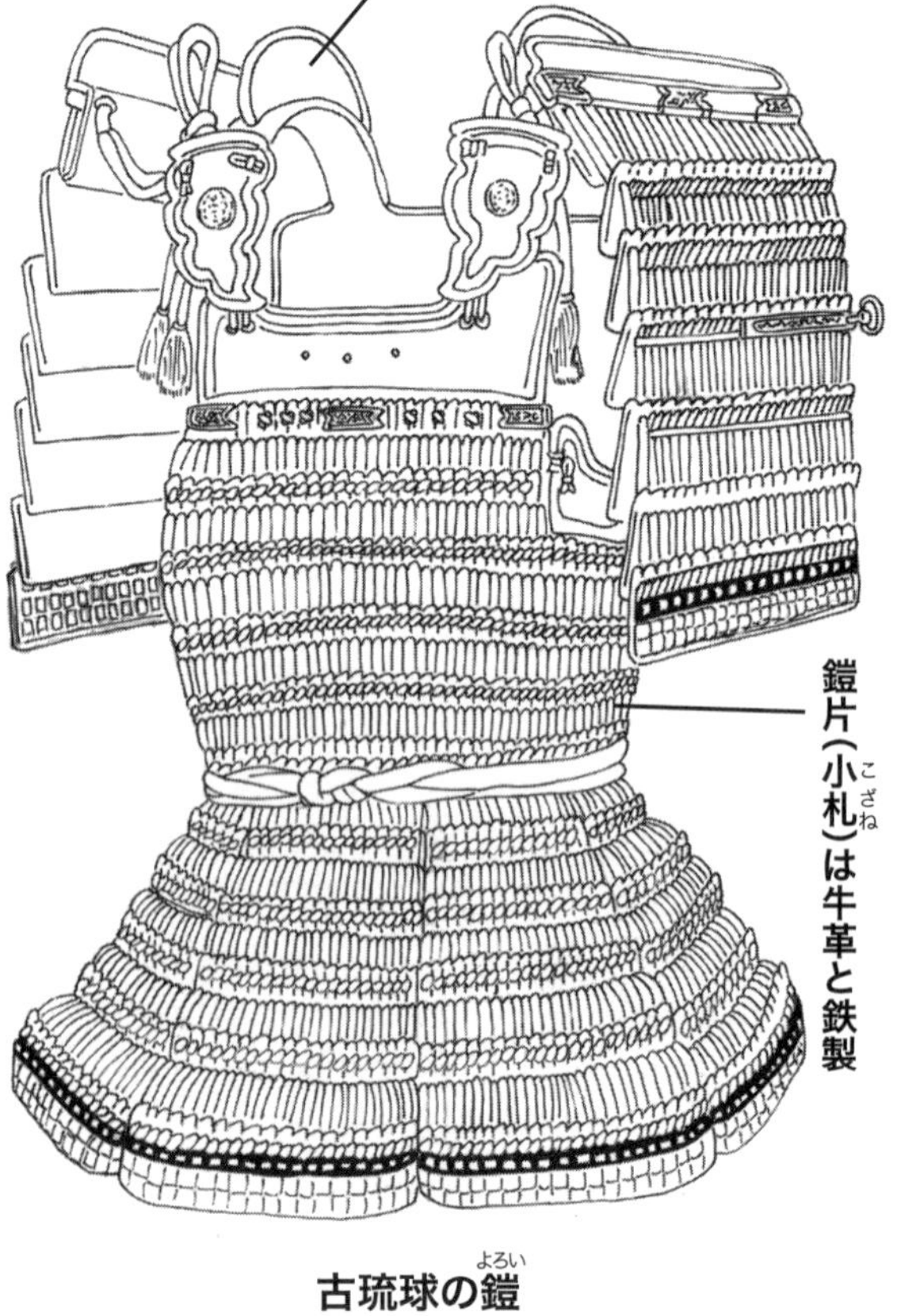

古琉球の鎧《よろい》

玉城グスク付近で発見された遺物をもとに復元した古琉球の鎧。室町時代の胴丸《どうまる》という形式の鎧ですが、肩に「障子《しょうじ》の板《いた》」という、首を防護する鉄板が付属しているのが特徴。薩摩（鹿児島県）鎧の形式とよく似ています。

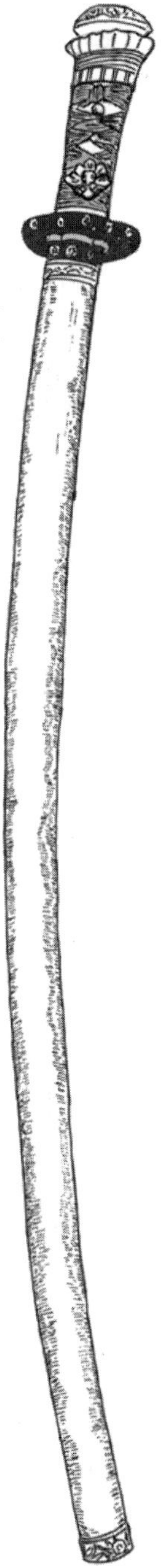

琉球王家の宝刀、千代金丸《ちよがねまる》（国宝）

刀身は室町時代の日本刀ですが、外装は琉球製。柄は中国風の片手持ちの形式。さやの部分は黄金で装飾されています。琉球独自の様式です。

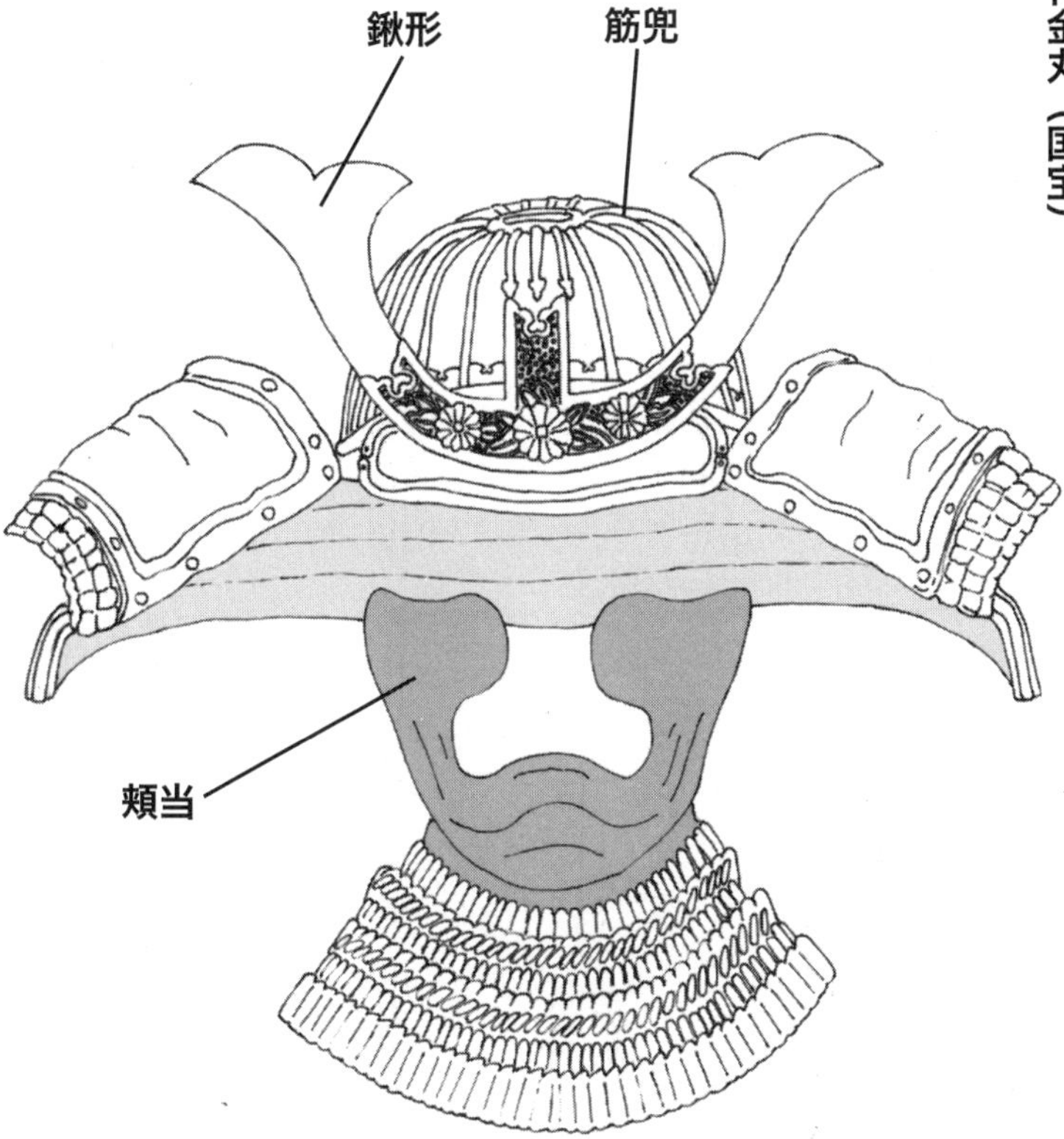

古琉球の兜

出土資料や文献をもとに復元した古琉球の兜。鍬形《くわがた》、筋兜《すじかぶと》は室町時代に流行した形式。また記録には「鉄の鬼面」を装着していたとあり、日本の頬当《ほおあて》である可能性が高いです。鍬形台の装飾は日本本土とは異なっており、琉球で現地生産されたとみられます。

長刀《なぎなた》

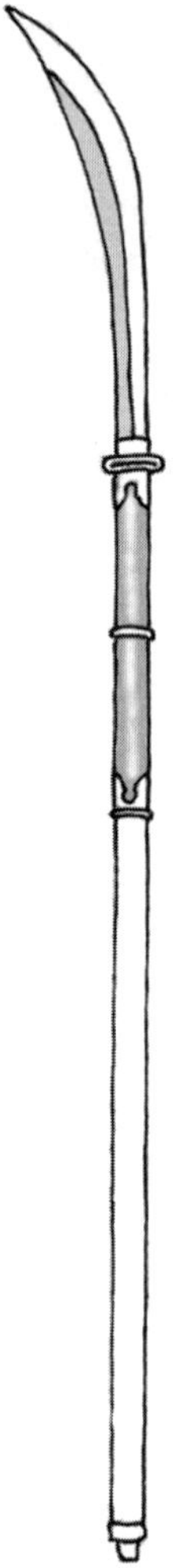

恩納村冨着に
残る青龍刀《せいりゅうとう》

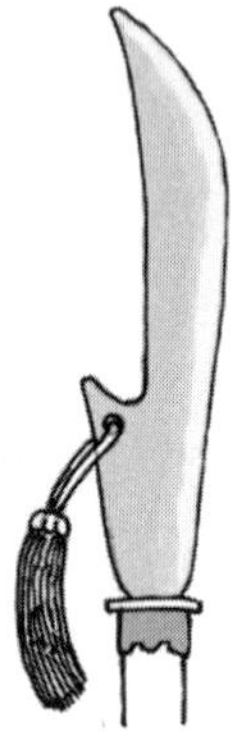

カンドウ原遺跡
（石垣市）から
出土した鉄矛《てつほこ》

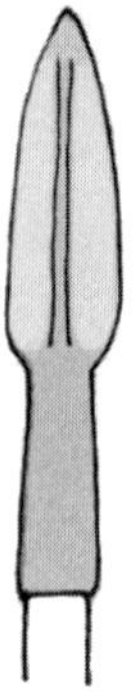

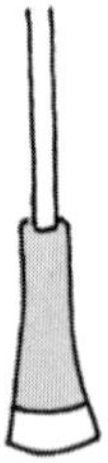

木葉形

雁股

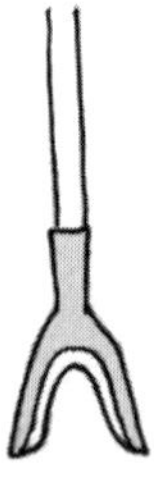

矢

斧箭《ふせん》。刃の先端が斧のように平坦。
沖縄で多く出土します。

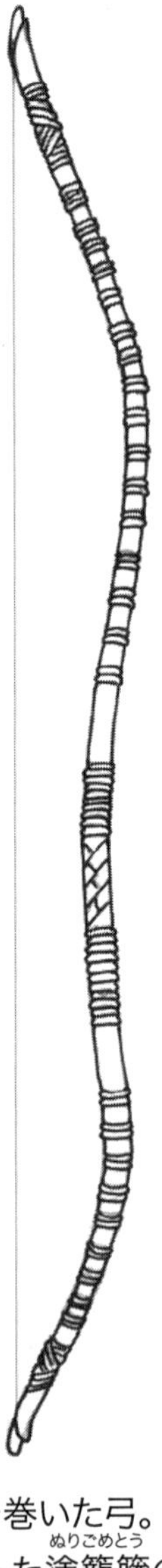

重籐《しげとう》の弓。弓に籐を巻いた弓。
この上から漆を塗った塗籠籐《ぬりごめとう》の
弓もあったようです。

古琉球の戦争（2）軍隊

【首里・那覇の軍事防衛体制】

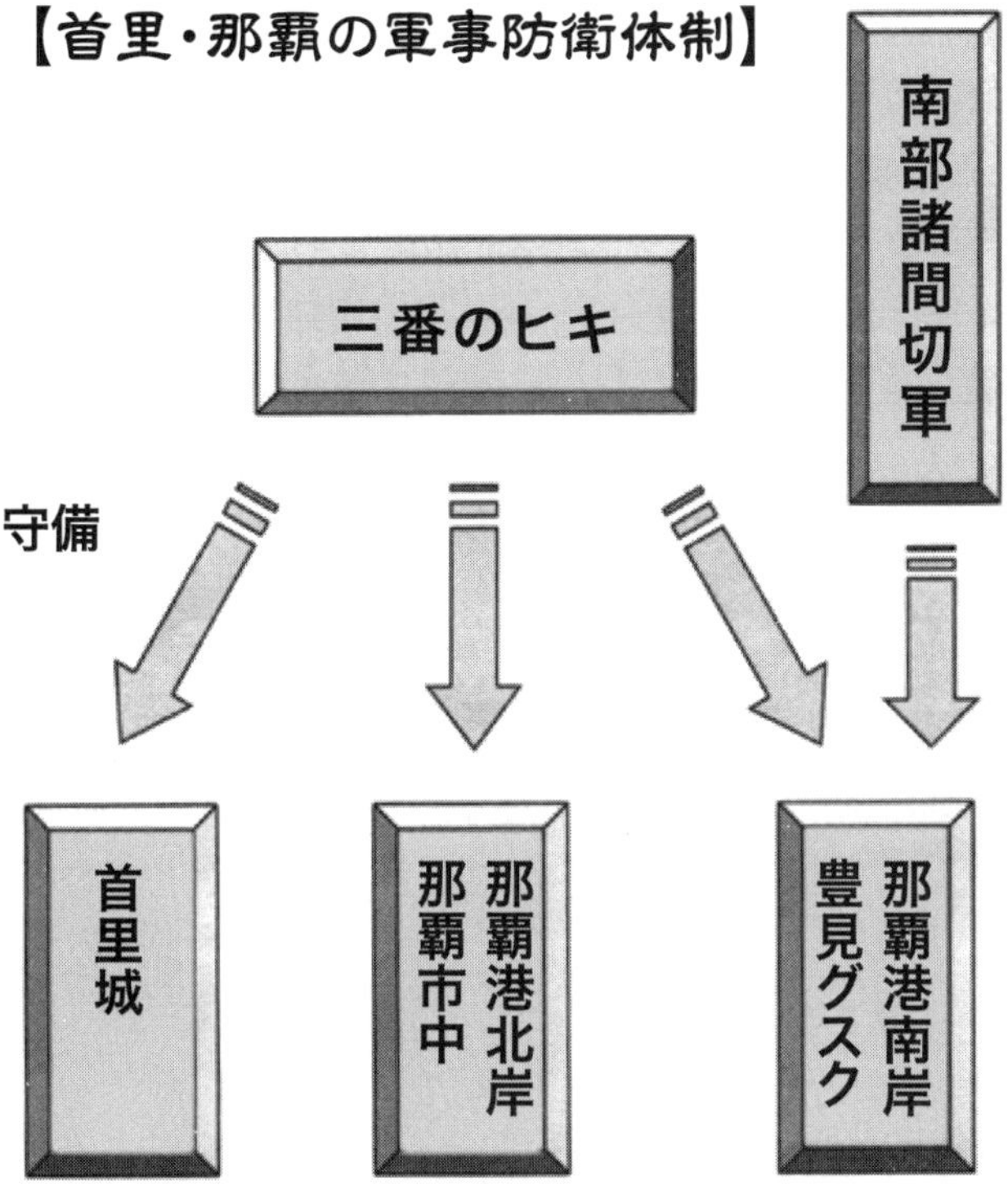

ヒキは三番に分かれ、一番は首里城の守備、一番は那覇市中と那覇港北岸（三重グスク）、一番は那覇港南岸（屋良座森グスク）と南岸防衛の拠点・豊見グスクの守備を担当しました。南岸はさらに南部諸間切の軍勢が援軍に向かう規定となっていました（ヒキについては「王府の中央組織」42pを参照）。

※南部諸間切軍は、南風原・島添大里・知念・佐敷・下島尻（兼城・島尻大里・真加比・喜屋武・摩文仁）で構成。

尚真王によって中央集権化が達成されて以降、重要拠点の首里・那覇には王国の軍隊による防衛体制がしかれました。王国の軍隊は「しよりおやいくさ（首里親軍）」と呼ばれ、王府中央の「ヒキ」軍と地方のおゑか人らの間切軍があったようです。ヒキは総数1000名で、戦時には3000名規模の兵が動員可能でした。この軍隊は首里・那覇の防衛のみならず、周辺地域の征服活動も担いました。

古琉球の戦争(3)銃砲

琉球には日本より約100年前、1450年頃にすでに中国から鉄砲が伝来していました。この鉄砲は「ハンドキャノン」と呼ばれる原始的な筒型の銃砲で、矢や弾丸を発射しました。琉球では「火矢《ヒヤー》」と呼ばれていたようです。また大砲も存在していて、16世紀には倭寇を防ぐ目的で那覇港に砲台(屋良座森《やらざもり》グスク・三重《みえ》グスク)が築かれました。この砲台は後に島津軍が侵入してきた際に威力を発揮し、いったんは島津軍船を阻止することに成功しました。

【屋良座森グスク】 1554年、那覇港口に築造。

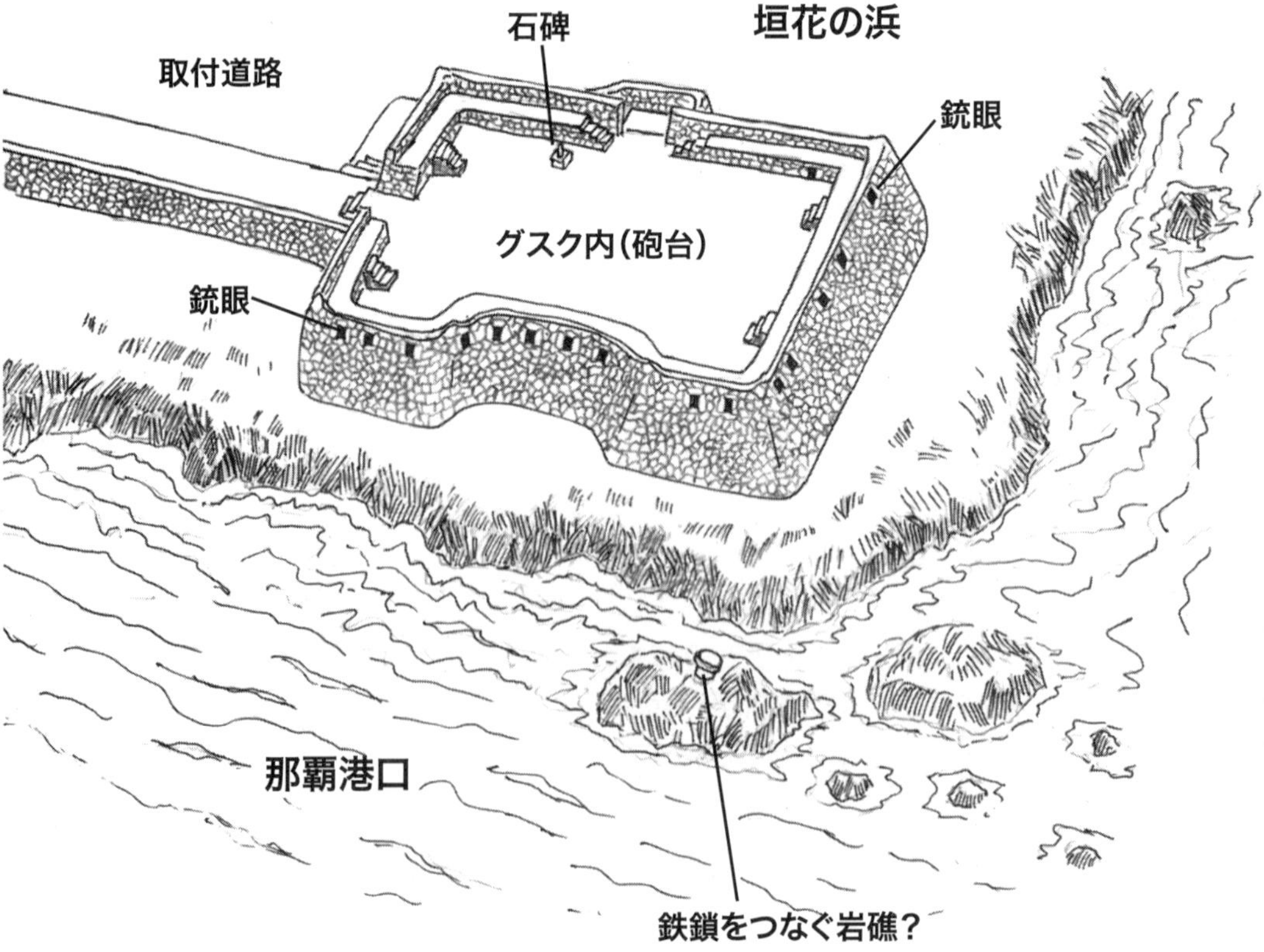

石碑
垣花の浜
取付道路
銃眼
グスク内(砲台)
銃眼
那覇港口
鉄鎖をつなぐ岩礁?

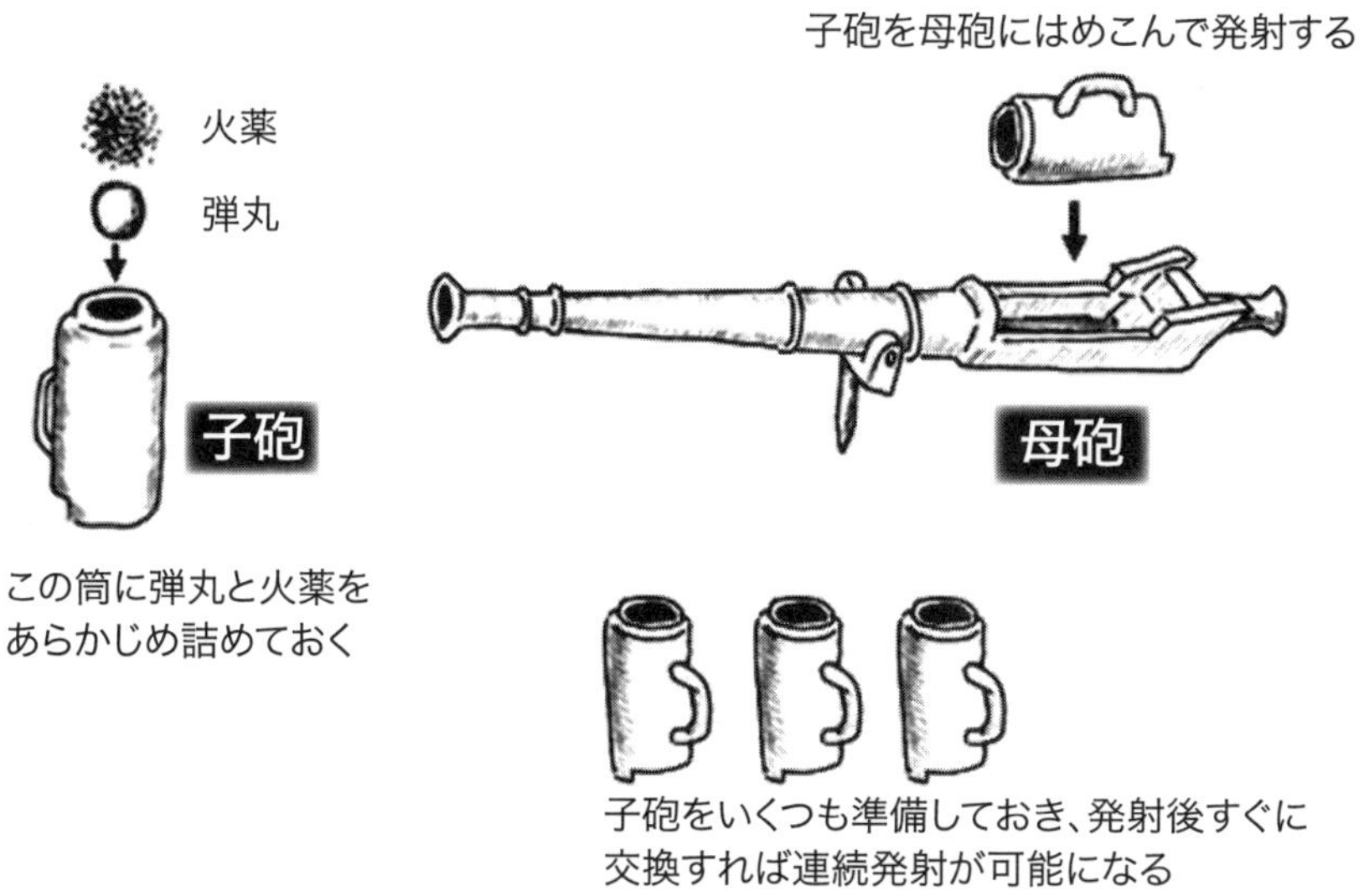
子砲を母砲にはめこんで発射する
火薬
弾丸
子砲
母砲
この筒に弾丸と火薬を
あらかじめ詰めておく
子砲をいくつも準備しておき、発射後すぐに
交換すれば連続発射が可能になる

ポルトガル伝来の新型砲「仏朗機《フランキ》砲」

明代の中国で使用され、倭冦対策に威力を発揮しました。琉球にも伝来していた可能性が高く、進貢船や那覇港の砲台（屋良座森グスク・三重グスク）に設置された大砲はこの形式だったと考えられます。

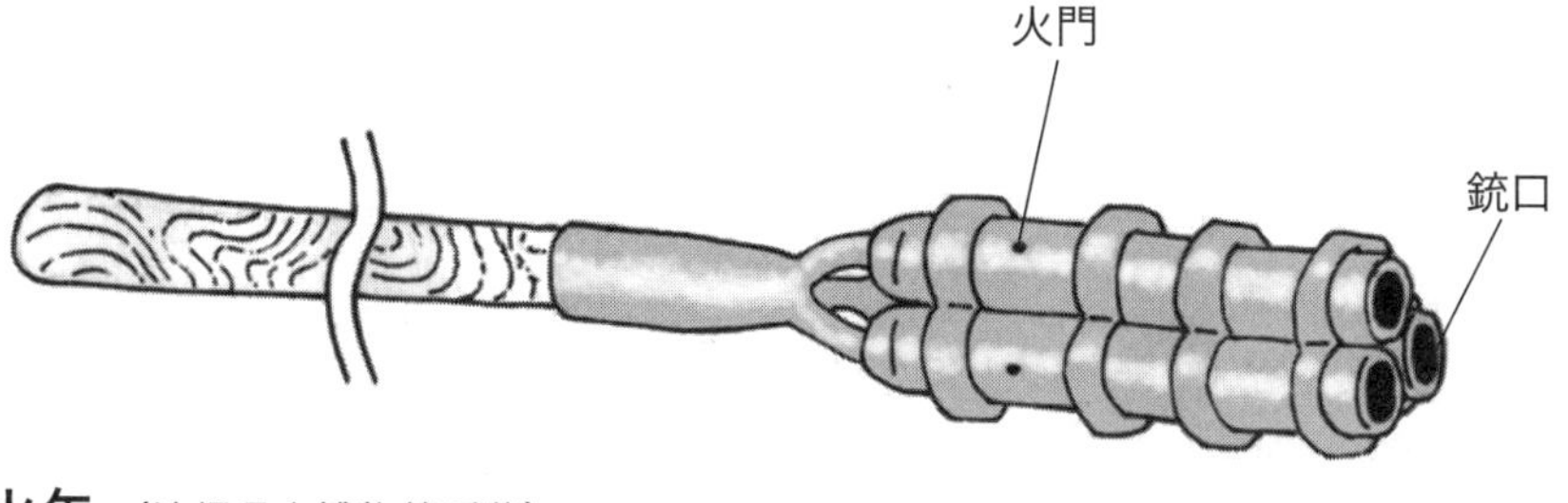
火門
銃口

火矢（沖縄県立博物館所蔵）

中国の「三眼銃《さんがんじゅう》」と呼ばれるものと同形式の銃。銃身が３つ付いていて、連続発射が可能です。発射後はこん棒のように振り回して、通常の打撃武器としても使えました。1605年の記録では、王府高官の一人が「銃・大小二百挺《ちょう》」を保有していたとあり、火器兵器は琉球で相当普及していたと考えられます。

落日の古琉球

16世紀の中頃になると琉球王国は衰退へ向かいます。明朝の琉球優遇策がなくなり、さらに海域アジアで民間交易が活発となって琉球の活躍する場は次第に奪われていきました。

中国で貨幣経済が進展し、ばく大な銀の需要が生まれて世界中の銀を「爆食」しはじめたのです。なかでも日本産の銀は全世界産出量の３分の１を占め、その運び手は日本や中国の民間商人でした（彼らは後期倭寇とも呼ばれます）。銀を産出しない琉球は苦境に立たされていきます。

豊臣秀吉

その頃、日本では戦国乱世から豊臣秀吉が天下を統一し、さらに明朝を倒してアジア世界の征服をたくらみます。秀吉は朝鮮に侵攻し、琉球にも薩摩の島津氏を通じて圧力が加えられていきます。結局秀吉の計画は失敗しますが、この時秀吉によって琉球は一方的に服属国とみなされてしまいます。

徳川氏の天下になると、秀吉の朝鮮出兵後に途絶えた明との国交を回復するため、琉球に仲介をさせようと家康が動きます。

ちょうどその頃、琉球船が日本に漂着。漂着民を保護した家康はお礼の使者を琉球に要求し、それをきっかけに琉球に明との講和と貿易の再開を仲介させようとしますが、使者を送ることは日本の従属下に入ることを意味したため、琉球は拒否。これに乗じて島津氏が琉球侵攻を願い出て1609年、ついに薩摩から3000の侵攻軍が琉球を襲います。

琉球側は島津軍の侵攻に対して、講和を模索しつつ王国軍による防衛体制をしいていました。数のうえで勝っていた琉球軍でしたが、戦国歴戦の猛者が集まる島津軍には歯が立ちませんでした。

国王の尚寧は降伏して首里城を開城、島津軍によって日本まで連行され、徳川家康と対面することになります。尚寧は２年後に帰国しますが、以後、琉球は薩摩藩の支配下に入り、様々な政治的規制を受け、奄美地域も奪われてしまいます。

こうして古琉球の時代は終わりを告げたのです。

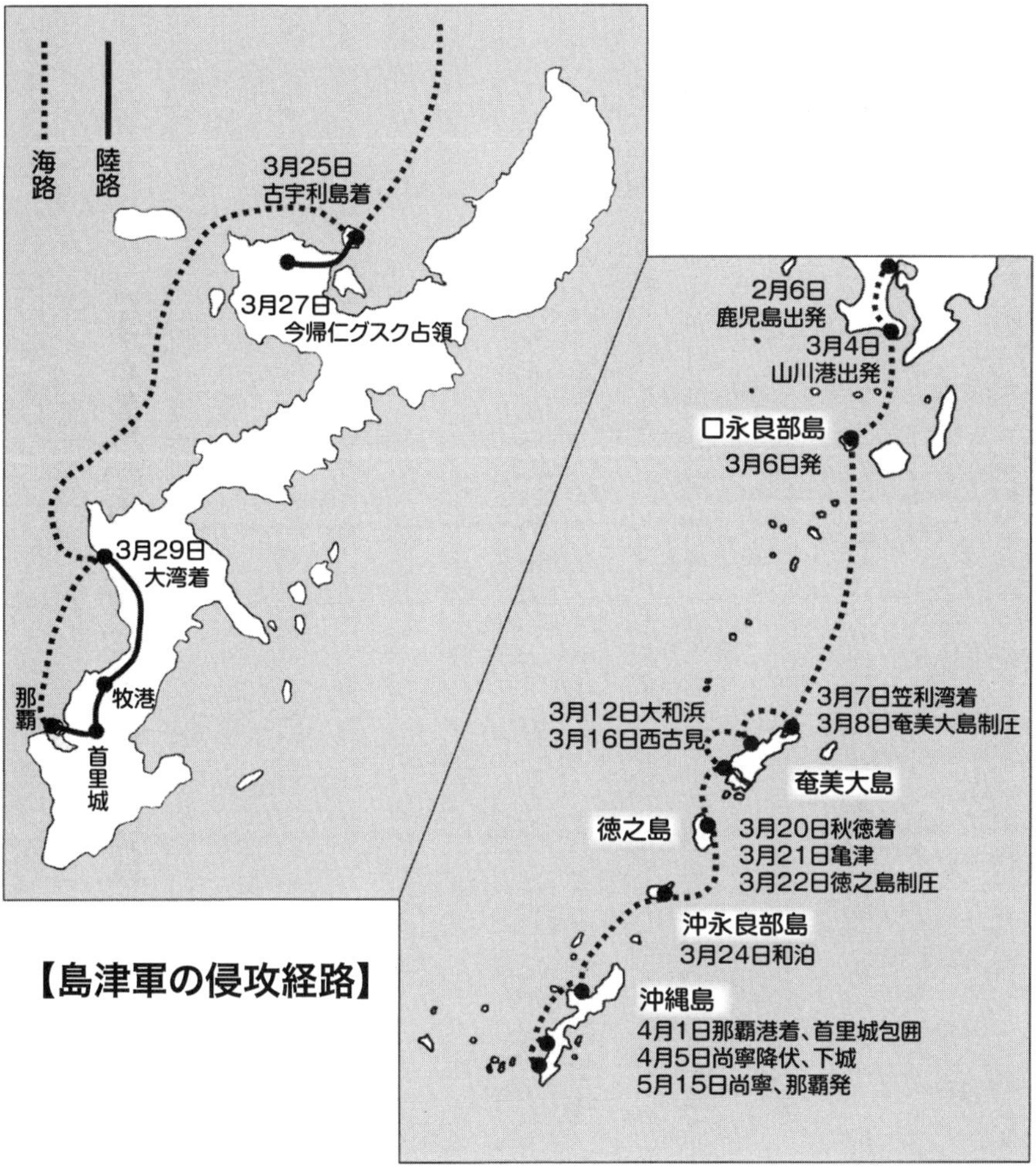
海路
陸路
3月25日
古宇利島着
3月27日
今帰仁グスク占領
3月29日
大湾着
牧港
那覇
首里城
2月6日
鹿児島出発
3月4日
山川港出発
口永良部島
3月6日発
3月7日笠利湾着
3月8日奄美大島制圧
3月12日大和浜
3月16日西古見
奄美大島
徳之島
3月20日秋徳着
3月21日亀津
3月22日徳之島制圧
沖永良部島
3月24日和泊
沖縄島
4月1日那覇港着、首里城包囲
4月5日尚寧降伏、下城
5月15日尚寧、那覇発

【島津軍の侵攻経路】

琉球王国軍：4000
鄭迵（謝名親方）・毛継祖（豊見城親方）のヒキ軍：3000（那覇）
向克祉（今帰仁按司）、奄美・徳之島防衛軍：1000（北部・奄美）

薩摩島津軍：3000
大将：樺山久高、副将：平田増宗・肝付兼篤
鹿児島方（家久派）・国分方（義久派）・加治木方（義弘派）の将、
一所衆（北郷氏・種子島氏など）、七島衆

《まとめ》「古琉球」という時代

「最新歴史ビジュアル・古琉球の世界」をご覧いただきましたが、いかがでしたか。これまでのイメージとまるで違う姿に驚かれたかもしれません。一見して気づくことは、思っていた以上に「ヤマト」的な雰囲気を持っていることです。私たちが琉球の歴史に対して持っているイメージは、ほとんど琉球が薩摩に征服された以降の時代（近世）になって出来上がったものです。つまり古琉球のリアルな姿とイメージがかけ離れているということは、古琉球から近世にかけて、琉球の社会がそれだけ大きく変化していったことを示しているのです。

そして、ここで出てくるのが「やはり琉球は日本の一部であったか。沖縄は古い日本そのものだ！」という反応か、「ウチナー（沖縄）とヤマトゥー（日本）が同じなんてとんでもない！琉球は中国の文化圏だ！」という反応だと思います。両方の言いたいことはわからなくはないですが、僕はそのどちらも全面的に賛成することはできません。

ヤマト文化があるから琉球は日本の一部だとか、中国文化があるから琉球は中国だとか、そういう単純な議論では古琉球の深層には迫れないように感じます。

海域アジア世界の十字路に位置し、交易国家であった琉球に外来の人々や文化が入ってくるのは至極当然のことで、例えどのような文化の影響があったとしても、南西諸島に住む人々は自らを他の地域とは違う「琉球の人々」であると自認し、また琉球以外の地域の人々も「琉球」を自分たちと同一視することはありませんでした。

中国の冊封・朝貢体制は実質的にはゆるやかな国際協調体制のようなものであり、琉球の自由を規制するような「支配」と呼べるものではなかったし、琉球と文化的に最も近いはずのヤマトでさえも、自らの領域を南九州付近の島々（鬼界《きかい》が島）までと認識しており、琉球は「異界」と考えられていました。文化の基層にヤマト的要素があったとしても、それは太古からずっと「純粋培養」されていたわけではなく、数百年の交流を続けていくなかで様々な要素と「化学反応」を起こし、似て非なる別物になったと考えたほうが自然です。

さらに首里の王を頂点に奄美から与那国までの領域を支配する独自の政体（琉球王府）があって、その統治システムは完ぺきに機能していました。たとえ他国が琉球は我が領土だ、と一方的に思っていたとしても、それは妄想にすぎません。1609年に侵略されるまでは、他のどんな国もこの「琉球」と呼ばれる領域を実効支配することはできなかったのです。

また古琉球の社会は、港湾都市（那覇とそれに付属する首里）に国家機能のほぼ全てが集中し、交易によって社会が成り立っている構造でした。交易活動には港湾都市に住む外来の人々が参加し、まるで多民族国家のような様相も呈していました。これは東南アジアのマラッカに代表される「港市《こうし》国家」の構造と全く同じです。世界には様々な国家や社会のカタチがあり、日本や中国ばかりがスタンダードなカタチではないのです。私たちは今まであまりにも一方向だけを見て琉球像を描いてしまっていたのではないでしょうか。

なお、「琉球の権力や国家ばかり見て民衆を見ていない」という考えもあるかと思います。もちろん一般庶民の生活を見ることは非常に大事ですが、沖縄島に形成された「琉球王国」という権力体が、南西諸島の社会とそこに住む人々に絶大な影響を及ぼした事実は動かしようもありません。「国家」や「権力」が好きか嫌いかは別にして、その厳然たる事実をスルーして「民衆」だけを見ては古琉球（のみならず歴史全般）を語ることはできないように思います。

結局、「古琉球」とはどういう時代、どういう社会だったのか。これまでの研究成果を参考に、僕はこう表現したいと思います。

【古琉球は世界で最も日本に近い「異国」であり、国内外の体制は中国との関係なしには決して成り立たず、社会構造は東南アジアの「港市国家」と共通する、南西諸島に独自の政治権力体と統治領域を持つ国家であった。】

古琉球という時代は、日本や中国、東南アジアの各要素を持ちながら、そのどれとも言えない、「琉球」と呼ぶしかない主体を南西諸島に住む人々が自ら作りあげた、そんな時代だったといえるでしょう。

最新歴史コラム

またまた、目からウロコの琉球史

伊平屋のあもがなし

クニの頭とシマの尻

地名には、それを名づけた人たちの思想やその時代を生きた人々の感覚など、さまざまな歴史情報が秘められています。

例えば沖縄を指して言うところの「南島」。

この名称は沖縄が中心なのではなく、あくまでも北（ヤマト）からの視点で名づけられたものであることは明らかです。「南島」とはどこから見ての「南」なのか。沖縄からの立場では沖縄は「中心」であって、自らが「南」であることはありえないからです。

現在の沖縄の地名は、５００～６００年前の古琉球時代にさかのぼるものが数多くあります。沖縄島北部の「国頭（くにがみ）村」と南部の「島尻（しまじり）郡」。この地名が確認できる最古のものは６００年前の記録です。国頭とは文字通り「クニの上（かみ）」。島尻は「シマの尻（しり）」を意味しています。

古琉球の人々は自分たちの住む世界を「世（よ）」と呼んでいました。

琉球世界を支配する国王を琉球語で「世の主（よのぬし）」と言い、「世の主」の統治する王国の領域はまた「おきなは（沖縄）の天が下」とも称されています。そして南北にのびる沖縄島は、王都・首

里を基点に「上下（かみ・しも）」という空間として把握され、沖縄島の最北部を「国上（くにがみ）」、最南部の地域を「下島尻（しもしまじり）」と読んだのです。

ちなみに奄美地域は「おくと（奥渡）より上（かみ）」、先島地域は「みやこ（宮古）・やへま（八重山）」と呼ばれていました。「奥渡」とは沖縄島の最北端のことで（いまでも最北端の集落は〝奥〟と呼ばれています）、奄美全体を「それより上」として表現しています。

面白いのは、古琉球では北方を「上」、南方を「下」とみる観念があったことです。つまり北方（ヤマト?）に何らかの中心性を見出していたことがうかがえるのです。古琉球の歌謡集『おもろさうし』には、日本へ行くこと（やまと旅）を「のぼる」とも表現しています。

最近の研究では、現代沖縄人に直接つながる祖先は、北方のヤマトからやってきた人々が現地民と融合していったのではないかと言われています。独立国家の琉球王国が成立して以降、原初の記憶は薄れてもその観念は受け継がれて、地名として痕跡を残すことになったのではないでしょうか（念のため強調しておきますと、この事実をもって琉球王国を「日本国」の範囲だった、と主張する根拠にはできません）。

地名を読み解くと歴史が見える。みなさんも沖縄の地名について考えてみてはいかがでしょう。

※写真は、沖縄最北端の遠景。ここが「奥渡」「国上」にあたる。

参考文献：南島地名研究センター編『増補・改訂　地名を歩く』、高良倉吉『琉球王国の構造』

沖縄で「向」といえば…

突然ですがクイズです。

「向」

この字は琉球で何と読むでしょう?

「こう」「むかい」と読んだ人、沖縄の歴史は初心者のようですね。

「しょう」と読んだ人、沖縄の歴史についてけっこう詳しい。

正解は「しょう」です。

これがわかる人は、おそらくこの字についてこう説明するでしょう。

「これは琉球王家の一族が名乗る姓で、国王の姓《尚》と区別するために《尚》の字《尚》を二画とって《向》とした。よって読み方は《尚》と同じである。さらに王族は下の名前には《朝》を名乗ったんだ」と。

もちろんこれも正解です。現在では王族の子孫は「向」を名乗ることはありませんが、代々名前に

「朝」をつけているので、それで王族かどうか判断できる場合があります（例えば朝義とか朝助とか）。

しかし、王族が「向」姓を名乗りはじめるのは沖縄の歴史のなかでも比較的新しい時代で、かつては姓そのものがなかっただけではなく、姓が名乗られはじめた頃には、王族が「向」姓を使うという決まりは全くなかった。この事実を知っている人はそう多くはないと思います。

琉球人が中国名を名乗りはじめるのは近世（江戸時代）に入ってからです。中国名が使われはじめた頃の王族の姓は、何と「呉」とか「宗」、「魏」や「詔」などメチャクチャ。下の名前につけるはずの「朝」もほとんど使われておらず、「重」とか「典」、「義」などこれまたメチャクチャ。

例えば有名な羽地朝秀（向象賢）は、彼が生きていた時に使われていた中国名は何と「呉象賢」。名前も「重家」です。しかも羽地を名乗る前は大嶺です。大嶺重家（呉象賢）、これだと誰だかわからなくなってしまいますね。

要するに、琉球にはもともと一族の血筋を姓によってまとめ、他の一族と区別するという観念がなかっただけでなく、当初は中国名の統一的な使用のルールもなかったということです。王族の姓が現在知られている姿になるのは琉球王国の構造改革が行われて以降の１６９２年。「門中（もんちゅう。むんちゅうとも呼ぶ）」という沖縄の家制度もこの時期から成立してくるのです。

沖縄の「向」姓について、これだけ説明できればほぼ完ペキだと思います。これでみなさんも沖縄の歴史通の仲間入り？かもしれません。

参考文献：田名真之『沖縄近世史の諸相』

三山王の名前

琉球では近世（江戸時代）まで中国姓によって一族をまとめる観念がなかったことを紹介しましたが、それでは琉球の歴史に登場する王たちの名前はどうなのでしょうか。

琉球が三つの勢力（北山・中山・南山）に分かれて争っていた三山時代、歴史の記録に登場する王たちの名前は、一見するとみな中国風です。中山王の「察度」、南山王の「汪応祖」、北山王の「攀安知」などなど……。しかし、彼らは代々決まった姓を継いではいません。皆バラバラな名前です。例えば「察度」の子の名前は「武寧」です。察度の「察」は姓ではないことがわかります。

これはなぜか。そのヒントは、王の名前を記した記録がすべて中国側の記録であるというところにあります。

先に述べたように、近世以前の琉球の人物は、領地名を一時的に名乗ったり、童名（わらびなー）と呼ばれる琉球風の名前しか持っていませんでした。つまり、中国風に記された三山の王の名は、琉球風の名前を中国側が聞きとってその音を漢字で表現したものだったのです。わかりやすい例でいけば南山王の「他魯毎」。琉球風の名前に変換すれば「たるもい（太郎思い）」になります。また北山王の「帕尼芝」は「はねじ（羽地）」などです。

ご存じのように中国にはアルファベットやひらがなのような表音文字はありません。だから琉球に限らず、他の国で漢字を使わず中国名のない場合は、その国の言葉の音に近い漢字で名前を表現します。例えばモンゴルのダヤン・ハンは「達延汗（ダァイェン・ハン）」、ジュシェン（女真）のアイシンギョロは「愛新覚羅（アイシンジュエルォ）」というふうにです。

ここで読者の皆さんでこう思う人がいるかもしれません。

「じゃあ尚氏はどうなんだ？　尚は代々受け継がれてるぞ。あれは中国風の姓じゃないか！」と。

確かに琉球国王の尚氏は代々「尚」姓を継いでいます。しかし、この「尚」姓、はじめから中国姓として使われていたのではありません。

「尚」姓が使われはじめるのは第一尚氏の王、尚巴志（しょうはし）からです。彼の父の名は「思紹（ししょう）」。「尚思紹」ではありません、「思紹」です。彼が生きていた時代の記録には全て「思紹」として登場します。

「思紹」「尚巴志」も、当時彼らが名乗っていた琉球風の名前に漢字を当てはめただけである可能性が非常に高いのです。「思紹」は「シチャ」、「尚巴志」は「サバチ」または「小按司（しょうあじ）」の当て字ではないかと考えられています。

尚巴志の次の王は「尚忠」といい、以後は尚巴志の「尚」の字を代々継いでいきます。一説には尚巴志が明朝より「尚」姓を与えられたとされていますが、当時の記録でそれを示す確かな根拠はありません。「尚」姓の使用は、中国との交流で琉球名を便宜的に中国風に使用し、やがて琉球国内でもその中国姓が定着したものとみていいと思います。尚巴志の父である思紹も、後世このルールを当てはめて「尚思紹」としたのです。

実は「尚巴志」→「尚」姓のように琉球名をヒントに中国姓に変換していく例は他にもあります。例えば琉球名「あはごん」を「阿覇勲（阿範坤）」と表現し、やがて上の漢字をとって代々「阿」姓を名乗る例。また琉球名「まふと」を「麻普都」と表現し、やがて代々「麻」姓を名乗る例。

これらの一族の姓が決まるのは「尚」姓が定まるよりずっと後の時代になりますが、国王の「尚」姓と同じ方式で成立した中国姓であることがわかります。

参考文献：田名真之『沖縄近世史の諸相』、原田禹雄『琉球と中国』

琉球の「王」とは何か

琉球は王が治める国であったことは誰もがご存じだと思います。歴代王の系統は「王統」としてそれぞれ「舜天王統」や「察度王統」など、各血筋で区別されています。つまり琉球は「万世一系」ではなく、いく度か政権交替があったわけです。教科書にも歴代の「王統」を並べて歴史を記述している例がみられます。

しかしこの「王統」という概念、実は舜天や察度らが生きていた当時には存在しなかったものなのです。歴代の王たちを「王統」として記述しはじめたのは近世（江戸時代）に入ってから。つまり当人たちの死後数百年たってから当てはめられた概念だったのです。例えて言うなら、現代人たちが琉球の王たちを現在の政治体制に当てはめて呼ぶようなもの。「舜天首相」や「第一尚氏内閣」のように。これでは何が何だかわからなくなってしまいますね。

「王」という呼称は、中国皇帝を中心とした東アジアの国際体制のなかで位置づけられた対外的な呼称であって、単にエライ人、「キング」という意味ではありません。琉球の為政者が「王」として呼ばれるのは1372年の察度の代から。それ以前の舜天や英祖は「王」とは呼ばれていないのです。彼らは琉球独自の呼称で「世の主（よのぬし。琉球世界の主）」や「テダ（太陽）」、「按司添い（あじおそい。按司を超える存在）」などと呼ばれていたようです。

琉球で「王」の呼称は後に定着し自称されていきますが、第二尚氏の初期までは対外的にも「代主（よのぬし）」または「世の主」を名乗っています。例えば尚円王は「金丸世主（かねまる・よのぬし）」と署名して薩摩の島津氏に文書を送っています。琉球の人々にとって外から勝手に付けられた「王」の称号より、当初は自分たちの世界の呼び名である「世の主」のほうが自然でなじみ深いものだったと考えられます。「王」と「世の主」呼称の関係は、日本の足利将軍が中国から「日本国王」として冊封（任命）されても、国内では「室町殿（むろまちどの）」と自称していたのと同じようなものです。

そして面白いのが当時の「王位」継承において、血筋によって「王統」を区別する考えがみられないことです。第二尚氏の尚寧王は、自らを「そんとん（舜天）より24代の王」と称しています。つまり近世に入るまで、琉球の王たちは「王統」に関係なく、最初の舜天を初代として代々王位をかぞえていたのです。もちろん血筋による王位継承が存在しなかったというわけではありませんが、琉球世界の支配者（世の主）は一族継承かどうかに関わらず、為政者としてふさわしい人間が天（琉球の神々）より承認され連綿と「世」を治めている、という独自の観念があったようです。つまり日本とは違う意味で、琉球の人々は琉球王位が「万世一系」であると考えていたのです。

「王統」概念や「王」の呼称を便宜的に使用するのは問題ないとは思うのですが、これらはあくまで琉球で儒教的・中国的観念が広まっていった近世以降の価値観で解釈されたものであることに注意しなくてはならないでしょう。

参考文献：入間田宣夫・豊見山和行『日本の中世5　北の平泉、南の琉球』

謎のマークの正体は…？

拙著『目からウロコの琉球・沖縄史』（ボーダーインク刊）、おかげさまで好評で、お買い上げいただいた読者の皆さん、本当に感謝です。単行本はイラストや書き下ろしコラムなど多彩な特典付きで、さらに細部にも凝ったつくりになっています。

本をお買い上げいただいた皆さんは、裏表紙のマークが気になりませんでしたか？ この不思議なマークはいったい何でしょう？

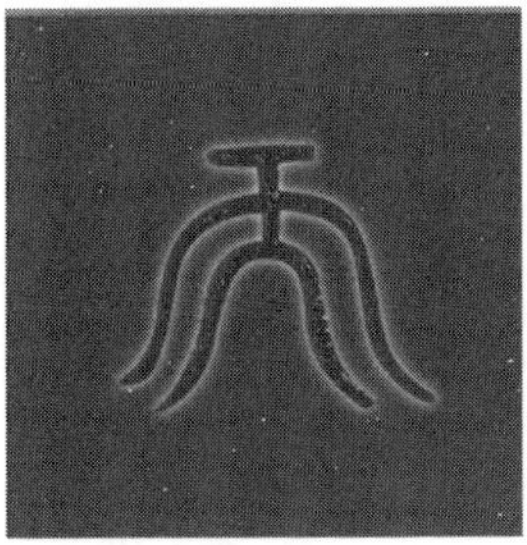

実はこのマーク、もうひとつの琉球王府のマークなんです。これは漢字の「天」の字をかたどったもの。最近国宝に指定された尚家の宝物の刀剣類（千代金丸など）や、聞得大君の黄金かんざし、漆器にも、このマークが刻まれています。この「天」字マークのほかにも、分銅や団扇（うちわ）のマークが確認されていて、主に16～17世紀（古琉球時代の後期）頃のものに付けられています。

これらのマークは左三つ巴紋（ヒジャイグムン）のような内外に広く示すシンボルというよりも、王府や王家が所蔵していることを示す記号のようなもので、王府で製作された美術工芸品に刻まれたようです。またマークにいくつも種類があるのは、王府の工房内で製作を担当したグループを識別するための記号である可能性も指摘されています。

古琉球時代、国王は「天」と深く結びついていました。王は天上を源にする霊力(セヂ)を神女の頂点に立つ聞得大君より与えられ、太陽(テダ)の化身として琉球世界に君臨していました。国王は別名「首里天加那志(すいてん・がなし。加那志は敬称)」とも呼ばれています。かつての王都であった浦添グスクからも、「大天」や「天」と刻まれた瓦が多数見つかっています。

つまり、「天」は王を意味しているわけです。王府で製作された工芸品に刻まれた「天」字もこの思想にもとづいて付けられたと考えられます。

単行本の裏に琉球王府の所蔵マークを載せるなんて少々不届きだったかもしれませんが、王国時代の琉球人がこの単行本を見たら「この本は王家のものだ! ははー」とカン違いして平伏したかもしれませんね。

というわけで、本の裏表紙にこっそりと「目からウロコ」な情報を載せてみた次第です。

参考文献:久保智康「尚家継承金工品」(『尚家関係資料総合調査報告書Ⅱ美術工芸編』)

首里城にある「書」のヒミツ

年間数百万人が訪れる首里城。この城は１９９２年、多くの人々の努力によって50年ぶりに復元されました。この復元は厳密な時代考証により、日本の史跡のなかでも高い水準の復元精度を実現しています。その経緯は『プロジェクトX　挑戦者たち／炎を見ろ　赤き城の伝説』で放送されましたが、実はテレビで紹介された赤瓦や壁の彩色の復元以外にも、多くの困難に立ち向かい復元を成し遂げた物語が首里城には隠されています。

首里城の中心・正殿の２階には、「御差床（うさすか）」と呼ばれる王の玉座といわれている大きな部屋があり、その玉座の背後には三つの書が掲げられています。

この書は歴代の中国皇帝自ら書いた書を〝へん額〟に仕立てたものです。本来はこの部屋に九つの書が飾られていて、御差床は「御書楼」とも呼ばれたそうです。

現在ある三つの書には次のように書かれています。

「中山世土」（ちゅうざんせいど）
…琉球は中山が代々治める土地である、という意味。康熙（こうき）帝の筆。

「輯瑞球陽」（しゅうずいきゅうよう）
…球陽（琉球）にはめでたい印が集まっている、という意味。雍正（ようせい）帝の筆。

「永祚瀛壖」（えいそえいぜん）
…海の向こうの琉球を永く幸いに治めよ、という意味。乾隆（けんりゅう）帝の筆。

このへん額は全て復元されたものです。実は、御差床にある皇帝の書は何と記されていたかは知られていましたが、写真などが全く残っておらず、具体的なカタチはわかっていませんでした。この書を復元するにあたって、適当にへん額に字を書いて作ることもできたはずですが、復元の担当者たちは驚くべき方法でかつての書を忠実に再現することに成功します。

復元の手がかりは、この書が皇帝の書いたものである、ということでした。人の書く文字にはそれぞれのクセ（筆跡）があります。同じ人が書けば、別のものに同じ文字を書いてもだいたい似たような字になります。つまり中国皇帝の書いた字のなかから首里城の書と同じ字を探し、それを組み合わせることによって、限りなく現物に近いカタチで復元することが可能になるわけです。皇帝の書は沖縄に残されていなくても、中国にはたくさんあったので、それらを参考にすることができました。

調査団は中国に残されている中国皇帝が書いた書籍やへん額、碑文などを徹底的に探し、首里城の書に書かれていた各文字を見つけ出します。

しかし、文字の全てが見つかったわけではなく、無かった文字については、何と皇帝の書いた文字のなかから必要なパーツのみを取り出し、それらをコンピューターで合成して必要な文字を作り出します。文字はさらに皇帝の筆跡の特徴を分析しながら書道の専門家によって実際に書かれ、皇帝の書いた文字を全て復元することができたのです。

首里城二階に飾られている書は現物そのものと寸分たがわず同じとはいえなくても、現時点でできる限りのあらゆる方法を駆使して、きわめて現物に近いものを作り上げたものだったのです。

首里城観光に訪れるみなさんは、美しい正殿の外観や豪華な玉座のほうに目が向いてしまい、オマケのように飾られている「書」については素通りしてしまうことが多いかもしれません。しかし今度首里城を観光する際には、目立たない細部にも挑戦者たちが情熱をそそいだ復元のドラマがあることを心にとめて、じっくりと城内を巡ってもらえたら、と思います。

参考文献：首里城公園友の会編『首里城の復元～正殿復元の考え方・根拠を中心に～』

琉球の「親方」の話

琉球の歴史に興味のある方は、「親方」という言葉をよく目にするかと思います。この「親方」とはもちろん相撲の親方ではなく、琉球王府の最高ランクの官人のことです。有名な親方といえば薩摩軍に立ち向かった謝名親方（鄭迵）や、近世琉球の大政治家・具志頭親方（蔡温）、名護聖人と呼ばれた名護親方（程順則）などがいますね。

この親方というランク、舜天や英祖の時代からずっとあったわけではありません。親方は古琉球の末期（戦国時代頃）に新設されたランクだったのです。それまでの高位の官人はすべて「大やくもい」と名乗っています。「大やくもい」は「親雲上（おやくもい）」と漢字が当てられ、やがてペーチンと呼ばれます。

親方という語句が初めて登場するのは１５９７年。ちょうど豊臣秀吉が朝鮮に出兵している最中です。墓碑に「うらおそいのおやかた（浦添の親方）」と記されています。

それまでの高位の官人は「大やくもい」だけでしたが、そのなかでも三司官（大臣）になる人々は「かなぞめはちまき」（紫の冠）をかぶっていました。このグループを独立させて、新しく「おやかた」というランクをつくったのです。

「おやかた」には「親方」の漢字が当てられていますが、最近その語源について面白い説がだされています。

この「おやかた」は、実は「お館（やかた。または屋形）」というヤマトからの輸入語ではないかというのです。「お館」といえば、大河ドラマで武田信玄などの戦国武将が家臣たちから呼ばれているあの「お館さま」です。

「お館（屋形）」とは中世日本で貴人を敬っていう語。とくに屋形号を許された大名たちを指します。1605年、琉球を訪れた浄土僧の袋中（たいちゅう）が記した『琉球往来』という書物には「那呉の館（やかた）」という人物が出てきます。彼は当時の三司官だった名護親方良豊のことだと考えられます。さらに「大里御屋形」も登場しています。

実は古琉球の王府の役職には中世日本から輸入した用語がありました。それは「奉行」です。琉球では土木工事など臨時プロジェクトの責任者をこう呼んでいました。このような例もあるので、「お館」という言葉を輸入して使ったとしても、何の不思議もありません。

琉球の「親方（うぇーかた）」が大河ドラマでおなじみの戦国大名の呼び方「お館さま」と一緒だったなんて変な感じがしますが、以上のように説明されるとちょっと納得なのではないでしょうか。

参考文献：国建地域計画部編『石碑復元計画調査報告書』
首里城公園友の会編『「袋中上人フォーラム」実施報告書』

名護聖人のお宝

琉球は中国との交流で様々な文物が入ってきました。唐物（からもの）と呼ばれる高価な陶磁器や絵画・書など、日本ではなかなか手に入らない貴重なお宝が琉球にはたくさんあったのです。唐物は中国に滞在した琉球使節が個人的に購入することもありました。

「名護聖人」と呼ばれ学者として有名な程順則（名護親方）も朝貢の使者として中国へ何度もおもむき、様々なお宝を買い求めています。彼は熱心なお宝コレクターでもあったのです。そのなかで、彼は何と朱子学の祖として有名な朱子（朱熹）直筆の書を天津でゲットしています。

朱子学といえば東アジア各国に絶大な影響を与えた儒教思想で、その祖の直筆はまさにスーパープレミアムなお宝。これを手に入れた程順則はおどり上がって喜んだはずです。

この朱子直筆の書は名護家の家宝になります。その書は14字で、記録によると「香は翰院（翰林院）より飛んで川野をおおい、春を南橋に報じて畳翠（青葉の茂ってるさま）新たなり」と書かれていたといいます。

琉球を訪れた中国の使者（冊封使）たちも、こぞってこのお宝を拝見しようと名護家を訪問していま

香飛翰院圖川野春報南橋疊翠新

朱熹

（陰文）朱熹之印

（陽文）晦菴

す。例えば1800年に来琉した副使の李鼎元（りていげん）は一度お宝を見ようとして断られ、再度、正使とともに名護家を訪れてようやくこの書と対面しています。彼らは中国皇帝の代理です。それほどの人物ですらやすやすとお目にかかれない秘宝だったのです。

名護家の家系記録にはお宝を絶賛する中国の使者たちの文章が多数載せられています。

今、この朱子の書が現存していれば間違いなく国宝クラスでしょう。王国滅亡後の混乱や戦争で多くが失われてしまいましたが、かつての琉球は「お宝の島」だったことをこれらの事例はおしえてくれます。

参考文献：真栄平房昭「琉球王国に伝来した中国絵画」（『沖縄文化』100号）
原田禹雄訳注・李鼎元『使琉球記』、「程氏家譜」

将軍と皇帝に会った琉球人

近世（江戸時代）の琉球は中国（清朝）の朝貢国でありながら日本の幕藩制国家にも従属する国家で、中国と日本に使節をそれぞれ派遣していました。中国へは北京の皇帝のもとへ朝貢使節を派遣していたことはよく知られています。一方、日本へは江戸の徳川将軍と薩摩藩の島津氏のもとへ不定期ですが使者を派遣して服属の儀礼を行っていました。いわゆる「江戸上り」と「中城王子上国（じょうこく）」です。

このような歴史的な性格から、琉球では当時の東アジアでも珍しい体験をする人物が登場します。その一人を紹介しましょう。

彼の名は毛維基（もう・いき、城田親方）。久米村の毛氏5世で、元祖は17世紀に中国から渡来した華人です。維基は久米村行政のトップ（総役）の地位についたエリートで、書道や芸能にも通じていました。彼は何と、中国皇帝・徳川将軍・琉球国王という3カ国の「元首」に会ったことのある人物なのです。

1752年、国王尚穆（しょうぼく）の即位が承認されたお礼として琉球から使節団が江戸へ向かいます。この時、維基は音楽や舞踊を指導する監督官（楽師）として江戸へ同行しています。使節団は薩摩から大坂を経由して、江戸城で将軍・徳川家重（吉宗の長男）に謁見。将軍の前では維基が指導した琉球音楽を披露して、彼は将軍から白銀を与えられました。

　また維基は福建の琉球館（いわば大使館）に駐在するスタッフとして中国へも行っています。彼が属する久米村は中国系の渡来者を中心とした士族のグループで、中国への外交文書作成や通訳、そして琉球国内において儒教教育などを担当する役職に多くの人が従事していました。そして1769年、彼は朝貢使節のナンバー2（副使）として北京へ向かい、紫禁城の午門（ごもん）で乾隆帝（けんりゅうてい）に会い、その顔を見ています。乾隆帝といえば中国史上最大の領土を有した清朝最盛期の皇帝。彼に直接対面した維基は「これは千年に1度あるかのめぐり会いで、家門の栄光である！」と感激しています（日本の将軍と会った時にはコメントなしでしたが…）。

　当時は身分制社会で、そこらにいる普通の人間が支配者の顔を見るなど滅多にありません。また江戸時代の「鎖国」政策に代表されるように、自由に国や地域を移動できない状況でした。そのようななか、一人の人間が3カ国の「元首」に直接会ってその顔を見ることは異例中の異例です。当時の日本では中国皇帝の顔を見た人間などまず、いません。もちろん中国で徳川将軍の顔を見た人も。
　維基がなぜこのような珍しい体験ができたかというと、先に述べたように、近世の琉球王国が日本と中国との外交関係を維持して成り立っていたことと関係しています。
　琉球では外交や交易の仕事をすること（旅役といいます）が大きな功績

としてカウントされ、多くの琉球人が海外へ出向いていきました。毛維基のような国際体験をすることは、当時の琉球の人々にとって決してありえないことではなかったのです。

※前ページの写真は、今帰仁グスクにある「山北今帰仁城監守来歴碑記」（１７４９年建立）。この碑文の文字は毛維基が書いた。

参考文献：渡辺美季「毛維基の生涯―「山北今帰仁城監守来歴碑記」の文字を書いた人物―」（『今帰仁グスク』創刊号）

解いてみよう！　王国の試験問題

少し前、高校の必修科目履修問題が騒がれました。受験最優先の風潮が騒動の原因のひとつとなったようですが、琉球社会でも学問や受験は非常に重視されていました。受験に合格するかどうかで後の出世が決まったのです。その一端をみてみましょう。

次の問題は「科（こう）」と呼ばれた、いわば琉球王国の国家公務員試験。内容は論述問題です。皆さんも試しに解いてみてください。

以下の文を読み、解答せよ。

【問1】このたび、薩摩藩より中国で反物（織物）を仕立てよとのご命令があり、その反物には島津家の紋である十文字のマークを入れよとの注文が来ている。しかし中国で薩摩のマークのついたものを琉球が注文してはいろいろ支障が出てくる（＊注）。これらの注文が不都合である理由を挙げて、中国に滞在する役人の立場から、王府に対して指示をあおぐ内容の文章を書け。（１８０５年度試験）

＊注：当時、琉球は薩摩に支配されていることを中国に隠していたから、バレてはまずかった。

【問2】講談師匠（教師）の交代につき父と子が採用試験を受けたところ、子が1番となり父が2番の試験結果となってしまった。あなたは子供の立場で、「父より先に師匠に採用されるのは私の望みではないので、父を合格にしてください」と願い出る内容の文章を書け。（1806年度試験）

【問3】人間の欲は多いのだが、とくに酒に対するいましめは念を入れなくてはならないので、酒を飲みすぎることの害をひとつひとつ述べ、これらを三司官（大臣）の立場から通達する文章を書け。（1807年度試験）

どうですか？ 解けましたか？ 簡単なように見えますが、好き勝手に思うままを書けばいいのではなく、解答は出題者である王府の意に沿うものでなくてはいけません。これができれば、みなさんは琉球王国の官僚の仲間入りです。解答は次回に。

参考文献：『那覇市史』資料篇1巻11・琉球資料

王国の試験問題・解答

それでは前回の試験問題の解答です。解答例は実際の試験で合格した人たちの答案。若干、意訳してあります。

【問1・解答例】

私が思いますに、琉球が薩摩と通交していることが中国に知られては面倒なことになります。常日ごろでも薩摩と琉球の関係を中国人は疑っていろいろ尋ねてきており、何とか言い訳をして疑いを晴らしているような状態です。十文字マークが薩摩の紋であることを、長崎に来ている中国人でよく知っている者もいるのではないでしょうか。彼らに言い訳したとしても、それは通じないはずです。

それに我々が福州で何とか隠しとおして反物を注文しても、注文した品が絹織物の産地・蘇州で調達されればおのずとウワサは広まってしまい、もしも薩摩の紋のことが発覚して、琉球が日本に従属していることが清朝政府の耳に入れば、我が国は面目を失い、朝貢貿易が断絶する原因にもなるのではないかと、恐れながらこのようなご命令に驚いております。

とにかく十文字マーク入り反物の調達は可能なのですが、以上のようにいろいろ支障があって実際に調達するのは難しいので、どのよう対処すればいいのか、このことについてご指示をたまわりたく存じます。（合格者1位・佐久本筑登之親雲上の答案）

※コメント…行政で実際に起こりうることを想定した時事問題。受験者の実戦力が求められます。

【問2・解答例】

今回、講談師匠の交代（1名）につき私と父が採用試験に受験したところ、私が1番で父が2番となりました。恐れながら申し上げますが、父は長年、この試験にチャレンジしてきましたがいまだに合格することができません。私は近頃、父を気の毒に思っていましたところ、今回も私より劣っていたようです。

もし試験の結果で採用されるなら父より私が先に選ばれてしまい、思いもかけなく出世することは幸運だと思いますが、いま出世の階段を昇る役職を願い、父より早く出世してしまうのは私の本意ではありません。そのうえ本来の学力については、とりわけ父のほうが優れているのですが、試験というものはおおかたその時々のカン次第でありまして、たまたま子より順位が下だったことはかわいそうなので、何とぞ今回は父のほうを採用してくださいますようお願いします。

もちろんこれが赤の他人ならこのようなお願いはいたしませんが、これが親子の間であるため黙っていられず、恐れをかえりみずにお願いした次第です。どうかこの件について重ね重ねよろしくお命じくださいますよう、お頼みいたします。（合格者2位・比嘉筑登之の答案）

※コメント…儒教的道徳をみる問題。試験結果よりも親孝行が大事なようです。

【問3・解答例】

世間に対して酒を飲むことは以前より法令でほどほどにせよと通達してあったのだが、近頃これが守られず、みな酒を飲みすぎる傾向があるようだ。私欲にふけることは災いの本とは言うものの、その多くは自身の恥になるまでのことなのだが、飲みすぎは精神を乱すものだから自然と行いはムチャクチャになり、家庭の雰囲気だけでなく社会の風俗までも乱すものである。さらには酔った最中に不始末を働いて犯罪を犯し、家族までも迷惑をかけてしまうのはまことに馬鹿らしい。

身分を問わず酒の飲みすぎには特に心をいさめるべきである。もちろん人間、心の慎みは肝心であるが、酒を飲みすぎれば、どんなマジメな者でも正気を失ってしまう。「心を慎むのに酒をひかえることを第一とせよ」と先人の教えにもあるので、これらをよく理解し、みだりに酒を飲むことはかたくいましめよ。このことを皆に申し渡す。（合格者1位・喜納親雲上の答案）

※コメント…昔からウチナーンチュ（沖縄人）は酒飲みで、王府も頭を痛めていたようです。

参考文献：『那覇市史』資料篇1巻11・琉球資料

激烈！琉球の受験事情

王国時代の試験問題をみてきましたが、受験事情はどのようなものになっていたのでしょうか。

まず前回見た「科（こう）」。

この試験は1次と2次からなっていて、先に紹介したような問題が各試験につき1問ずつ出題されます。内容は道徳問題と時事問題からなっていました。「科」は王国の士族全員が受験したのではなく、比較的身分の低い士族たちが対象でした。当時の社会は当然のことながら身分制の社会。下級士族がいくら努力したところで三司官（大臣）になれるわけではありませんでしたが、それ相応の地位まで昇ることは可能でした。

近世の琉球王国の学校制度は次のようになっています。

学校は都市部の首里・那覇に限定されていました。これは士族の住む場所が基本的に都市部に限定されていたからです。初等教育は村学校（今の小学校から中学校に相当）で行われ、次に平等（ひら）学校（今の高校に相当）に進学。平等とは首里の行政区画のことで、首里の三つの平等にそれぞれ置かれました。那覇では村学校が初等部と中等部に分かれて一貫教育を行っていました。

平等学校を卒業すると、ここから身分ごとに分かれていきます。身分の高い家の者と、推薦された一部の一般士族は最高学府の国学（今の大学に相当）に進学して徹底したエリート教育を受け、キャリア官僚のコースに進んでいきます。その他の平等学校の生徒はそのまま王府の一般職に就くことができますが、一方で「科」を受験して出世する道も残されていました。そのため多くの一般士族たちは「科」に合格すべく猛烈な勉学に励んだのです。「科」には様々なものがあったようですが、圧倒的に人気があったのは文筆科。合格すれば評定所（今でいう内閣）の書記官になり、さらに出世の階段を昇ることができました。

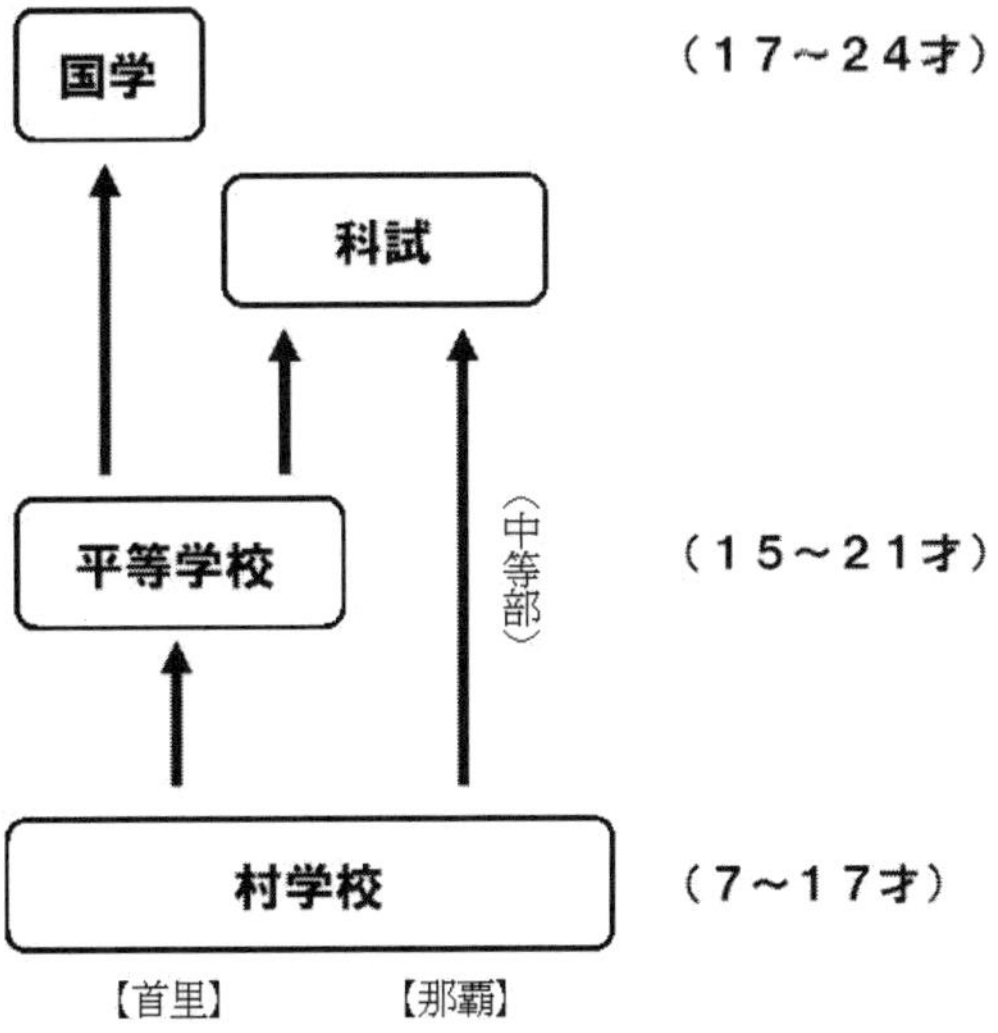

この「科」ですが、文筆科の合格倍率は何と最高600倍！現代の東大入試や国家1種試験、司法試験より高い倍率です。それに受験する資格は、毎月行われる平等学校の模試で40番以内に入った者だけ。学校での普段の成績が良くなければ受験すら許されなかったのです。受験者も現役生だけでなく、王府の一般職で働きながら入試に挑戦する浪人生もたくさんいました。なかには39才でようやく合格した人もいます。

しかし、試験に合格したからといっても安泰ではありませんでした。王府の仕事はポイント制になっていて、働き続けて功績ポイント（星功）を貯めないと高い身分の士族でも次第にランクを落とされてしまいました。親がエライからといって遊んでいると、ついにはヒラ士族になってしまうのです。

このように琉球王国では徹底した学問への取り組みが行われており、当然ながら現代の「ゆとり教育」も学力低下の問題も存在していませんでした。彼ら琉球王国の受験生が現代沖縄にタイムスリップしてきて勉強すれば、もしかしたら沖縄県内から東大現役合格生を毎年50名出すぐらいの力を発揮したかもしれませんね。

かつての琉球王国はただ何となく存在していたのではなく、彼らのような王国士族たちの血のにじむような努力によって支えられていたのです。さて、現代の沖縄にはこの「伝統」は受け継がれているのでしょうか……。

参考文献：田名真之「平等学校所と科試」（高良倉吉・豊見山和行・真栄平房昭編『新しい琉球史像』）

琉球王朝のチャングムたち～首里城大奥の世界～

沖縄社会では女性が強いとよくいわれます。沖縄では古来より女性が親族の男性を霊的に守護するという「オナリ神信仰」があって、琉球王府のなかでも神女組織をはじめとした女性たちが大きな力を持っていました。この神女組織とならんで王府内の一大勢力であった女性たちの集団が、首里城の大奥、御内原の女官たちです。

御内原の女官たちは大勢頭部（おおせどべ）と呼ばれる三人の女官長たちを中心に、国王や王妃・側室らの身のまわりの世話、王への取り次ぎなど「裏の世界」一切をとりしきっていました。大勢頭部は琉球の大臣、三司官と同ランクであったといいます。この女官たちは羽地朝秀の構造改革で力をそがれましたが、なお王府内で隠然たる勢力を持っていたようです。

この女官組織の末端にいたのが、「御城女性、城人（グシクンチュ）」と呼ばれる女性たちです。いわば朝鮮王朝の女官「チャングム」のような存在ですね。彼女らは「あねべ」「あがま」という下級女官となり、御内原での雑用のほか大台所での調理を担当していました。意外なことに彼女らは身分の高い士族ではなく、首里周辺の農村から選ばれた普通の女性でした。彼女らは一定の期間首里城へ勤めて、やがて故郷の農村に帰っていきました。その後はまた元通り、普通の女性として一生を送ったのです。彼女たちは華やかな首里城での思い出話を家族や友人、村の人々に語ったことでしょう。絶対的な権力者の住む首里城は、実は一般庶民にとって身近な存在だったのです。

しかし彼女らのなかには、貧しい家庭ゆえに女官となった者もいました。女官になると王府より故郷の家族へ「身代米（みのしろまい）」が支給されたのです。例えば王国末期の女官、「我謝あねべ」と「玉那覇あねべ」もそのような経緯で女官になった女性たちでした。我謝あねべは西原間切・我謝村の農民「かめ宮平」の妹でした。一家や親類は年貢も払えない貧困の状態で、「身代米」と引き換えに首里城へ奉公することになったのです。玉那覇あねべは南風原間切・津嘉山村の出身で、父親が寝たきりの貧しい家庭でした。この頃の琉球は天災などで農村が荒廃し、彼女らのような貧しい家庭は決して珍しくありませんでした。

彼女たちは首里城の大台所で働いていましたが、ある日、会計帳簿をチェックしていた役人が手続き上のミスを見つけます。女官たちへの給与が実際の勤務よりも多く支払われていたのです。これは会計責任者の過失だったわけですが、ここから我謝あねべ・玉那覇あねべがミスによる超過分の給与を黙って着服していた事実が発覚したのです。少し前に世間を騒がせた公務員のカラ勤務による給与の不正受給といったところでしょうか。

王府はただちに彼女らをクビにしたのですが、故郷の家族らに支払った「身代米」の返還も要求します。しかし、もともと貧しい家族に返すあてはありません。彼女らの家族・兄弟は身売りをし、家財道具を売り払い、借金までして「身代米」の返還を王府に迫られたのです。我謝・玉那覇あねべの不正は一家離散状態、さらなる借金地獄という悲惨な結果を招いてしまったようです。

もしかしたら彼女たちは故郷の貧しい家庭を少しでも助けるために、悪いこととは知りながら着服していたのかもしれません。首里城での勤めを終えてたくさんの報酬を故郷へ持ち帰り、両親や家族の喜ぶ顔が見たかっただけなのではないでしょうか。それがこんな悲しい結末になってしまうとは…何ともやりきれません。

彼女たちは悪くないんです。そうです、みんな貧乏が悪いんです。琉球でもっとも華麗だった大奥（御内原）の世界…その影には庶民女性たちの悲しい物語も存在していたわけですね。

（図は首里城で働く女官）

参考文献：真栄平房敬「琉球の王権と女性―大勢頭部・阿母志良礼を中心にして―」（『球陽論叢』）
真栄平房昭「首里城の女たち～大台所で働く「あねべ」たち～」（『首里城研究』8号）

円覚寺から出た「クリス」

琉球第一の寺、円覚寺。首里城の北側にあり、王家の菩提寺として知られる名刹です。開山の住職は京都南禅寺の僧、芥隠承琥（かいいん・じょうこ）で、1492年（尚真王の時代）に建てられました。古琉球の寺院はヤマト（日本本土）の禅宗と深く結びついていました。彼ら禅僧はそのネットワークを駆使して対日外交を担当し、またヤマト文化を琉球にもたらしました。琉球ではお寺が外務省と大学を兼ね備えた施設だったのです。

このように日本との関係が深い円覚寺なのですが、近年、円覚寺の跡から興味深いものが発見されています。「クリス」と呼ばれる東南アジアの短剣です。

クリスは鉄製で全長30センチほど。蛇行した刃が特徴で、主にインドネシアのジャワやマレー半島で使われたものです。この短剣は実用的な武器というよりも、霊力を持った宗教的なシンボルとしての用途を持っていたようです。クリスが出土するのは日本初で、大変貴重な発見です。

おそらくこのクリスは東南アジアとの貿易で琉球にもたらされ、円覚寺に寄進されたものと考えられます。どのように使用されていたかは不明ですが、クリスが宗教的な性格を持っていたことから、寺院の宗教儀礼などに使われていた可能性もあります。一見、ヤマトの禅宗と東南アジアの短剣はミ

スマッチに思えます。しかし、琉球においてはそれほど珍しくはないのです。

ヤマト禅宗など外から来た宗教や文化は、琉球でそのまま「純粋培養」されていたのではありません。例えば王府の儀式には、琉球古来の神女（ノロ）とヤマト禅宗の僧たちが同席して、ノロは「ミセゼル（神託）」、禅僧は「お経」をそれぞれ唱えていました。ノロ信仰とヤマト仏教が共存して琉球王権を支えていたのです。また中国道教の神を祭る天尊廟には禅宗の鐘が設置されていましたし、琉球神女の頂点に立つ聞得大君（きこえおおきみ）はヤマトから渡来した弁財天や観音信仰とも融合していました。ノロの神歌（オモロ）にも「権現」や「菩薩」が登場します。つまり、琉球にもたらされた様々な宗教はやがて溶け合い、独自の発展をとげて「琉球化」していったのです。

例えば「琉球に仏教は根付かなかった」という見方は、あくまでも日本の仏教を絶対的な基準にしている見方です。インド伝来の仏教が日本で「土着化」してインドや中国仏教と全く同じでないように、ヤマト伝来の仏教はやがて琉球に「土着化」して、ヤマト仏教と似て非なる宗教になったと考えるのが適当です。そう考えると、禅宗寺院から東南アジアの短剣が出たとしても琉球では全く不思議ではありません。東南アジアで神秘的な力を持つと信じられていたクリスが仏教儀式に使われていたとしても、特におかしいことではないわけですね。

参考文献：沖縄県立埋蔵文化財センター編『円覚寺跡―遺構確認調査報告書―』
真栄平房昭「琉球の円覚寺跡から出土した短剣（クリス）」（『沖縄タイムス』２００２年２月７日）

復元！ 琉球の武具

琉球の武具というと、みなさんはどのようなイメージを持っているでしょうか。なかには三国志のような中国の武将を思い浮かべる方もいるかもしれません。これまで琉球の武具については実物がほとんど残されていないこともあり、実態はよくわかっていませんでした。

しかし最近ではグスクの調査などが進展し、多くの武具が発掘で見つかっています。例えば首里城からは実に300点を超える武具が出土しています。武具が使用されていた年代は主に古琉球（江戸時代以前）のものです。これらの資料をもとに、琉球の武具がどのようなものだったのか次第に明らかになっています。

そこで今回、出土した資料や文献記録などをもとに初めて画像で復元してみました。これは想定ですが単なる想像で描いたのではなく、具体的な根拠に基づいて作成したものです【図1参照】。

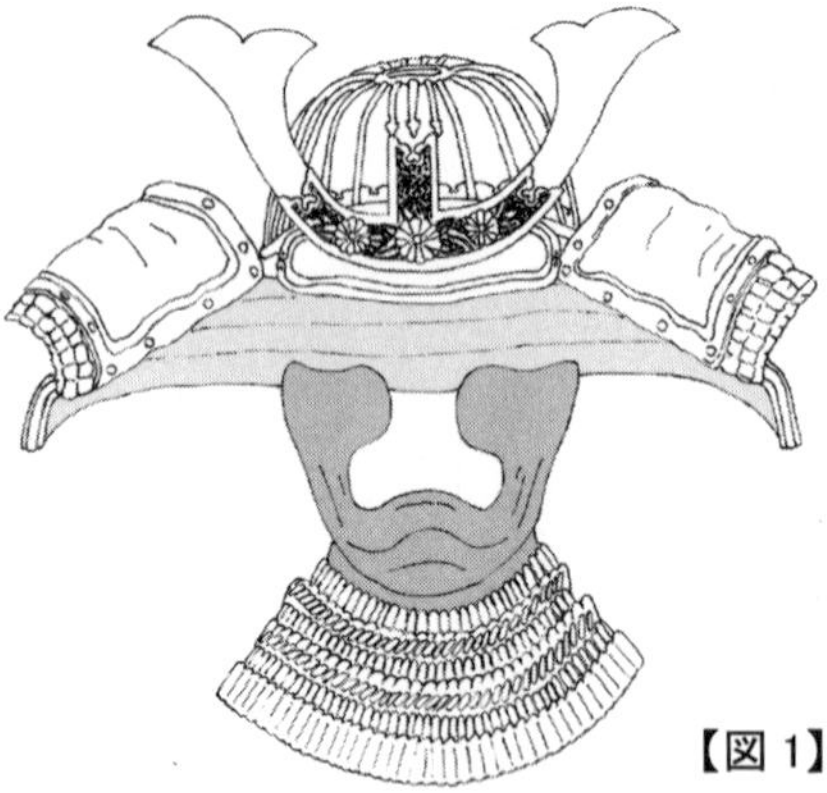

【図1】

一見したみなさんの感想はおそらく「ん？ これって日本の兜じゃない？」でしょう。そうです。琉球で使用されていた武具は、実は日本の様式のものだったのです。

マニアックな説明をしますと、兜の飾りである鍬形（くわがた）台は首里城南殿から出土したもの、兜の形式である筋兜（すじかぶと）も首里城出土資料に基づいています。それに加えて兜のすそに付く部分（しころ）も室町時代に流行した形式で復元してあります。顔をおおう面具は、15～17世紀の記録に「琉球の武装兵士は鉄の鬼面をかぶっている」とあることから推定しました。沖縄県内から発見される武具はこれまで室町時代・日本様式のものしか出ていません。文献記録もこれらを裏付けています。

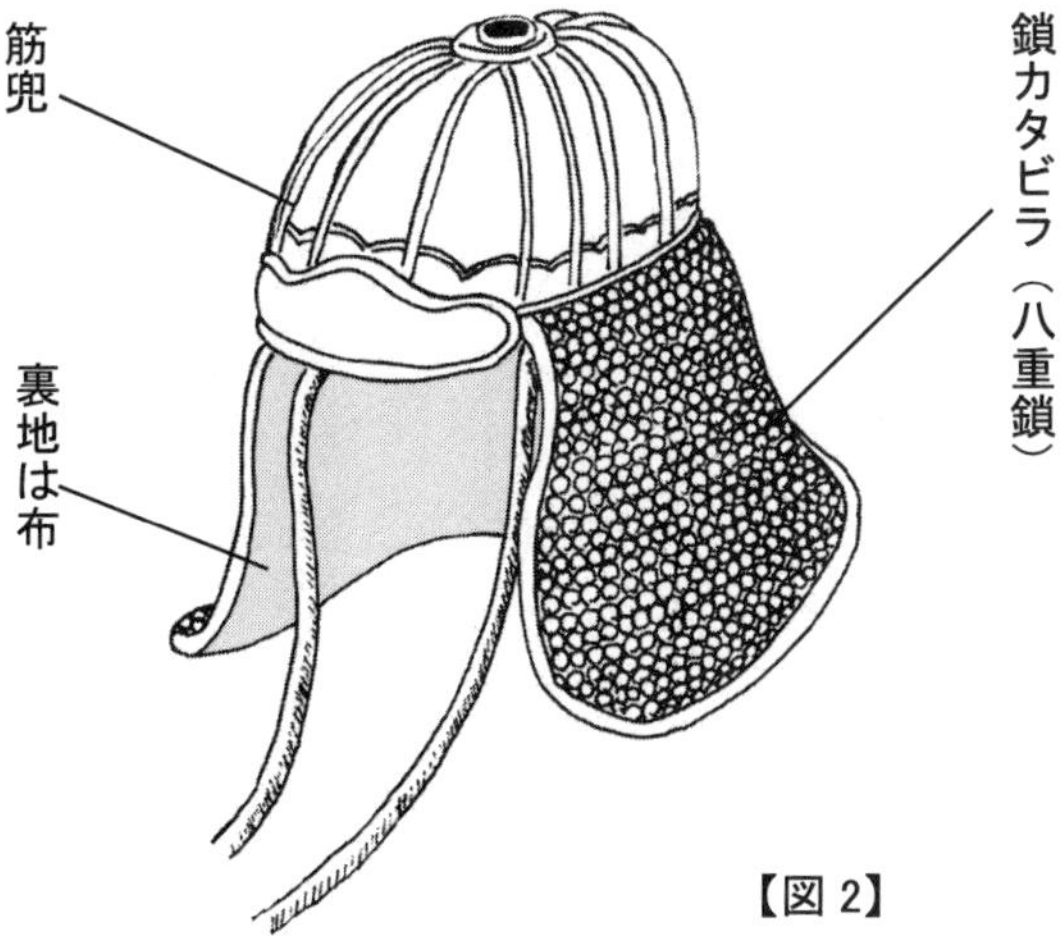

【図2】

また、首里城正殿の発掘調査からは珍しい兜も見つかっています。この兜は頭部の後ろと側面を守るため、鎖じころ（八重鎖）を兜に付けたものです【図2参照】。兜の形式は室町時代の日本で流行した筋兜なので、古琉球の時代に使われたものでしょう。中世の鎖じころの付いた兜は日本本土では絵図で存在が知られていても実物が残ってないため、大変貴重な事例です。

では、琉球の武具は日本から輸入されたものなのでしょ

三眼銃を持った兵卒（家来赤頭）

うか。これまではそう考えられていましたが、最近の分析では、実は琉球の武具は輸入品ではなく、琉球で製作されたものであることがわかってきました。つまり日本様式の武具を琉球で生産していたのです。

　琉球で製作された武具の部品は本土で見られない装飾のパターンがあり、またつくりも本土と比べてテーゲー（おおざっぱ）なのだそうです。技術的な面からみれば、琉球には漆器や金工品を製作して中国に輸出するようなレベルがありました。武具を作るには漆器や金工品の技術が必要なので、琉球で武具を生産することは十分可能です。さらに武具の主要パーツの原料となる牛革も、当時の琉球では容易に調達することができました。

　琉球では独自の様式を発明して武具をつくりあげたのではなく、もともとあった日本の武具をモデルにして、若干琉球風にマイナーチェンジをするかたちで生産し使用していたわけですね。

参考文献：久保智康『日本の美術437号　飾金具』
上里隆史・山本正昭「首里グスク出土の武具資料の一考察」（『紀要沖縄埋文研究』2号）
金山順雄「グスク出土の小札について」（『南島考古』18号）

按司たちのヒマつぶし

「琉球の戦国」といえるグスク時代から琉球王国成立頃までの時代、沖縄各地には按司（あじ）と呼ばれる首長が割拠していました。按司たちは自らの権力を拡大すべく戦いを繰り返し貿易によって富を蓄積しましたが、その一方で彼らは遊びにも興じていたようです。

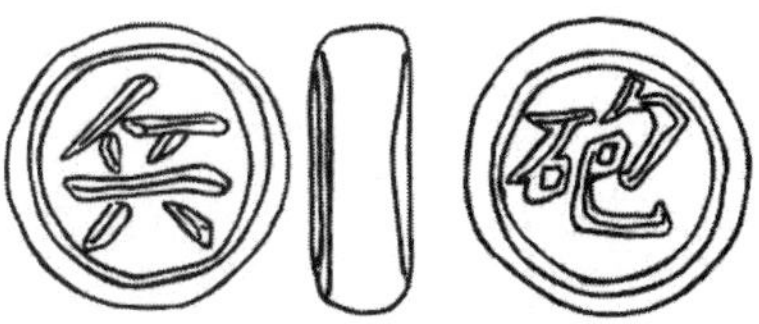

【図１】

グスクをはじめとした県内の遺跡からはいくつもの遊具や玩具（オモチャ）が見つかっています。例えばサイコロ。古いもので14世紀（三山時代）の出土例があり、石や動物の骨などで作られています。駒（こま）石というボタン状製品も出ていて、これらは盤双六（ばんすごろく）というゲームで使われたとみられています。

それと面白いところでは中国将棋（象棋）もやっていたようです。首里城からは中国将棋で使う「兵」と「砲」の駒が出土しています【図1】。時期は15世紀中頃（第一尚氏時代）のもので、磁器製の高価なものです。そのほか囲碁の石や素焼きの独楽（コマ）なんかもグスクなどから見つかっています。

第一尚氏王朝の尚泰久王が即位以前に住んでいた越来グスクでは、何と羽子板（はごいた）の羽根突きで使ったとみられる土製の球が出ています。羽子板はおそらく中世の日本から伝来したものでしょう。若き日の尚泰久は、越来グスクで家臣の金丸（後の尚円王）と羽根突きをして遊んでいたかもしれませんね。

このように按司や王たちはいろんなオモチャで遊んでいたことがわかります。そして、これらは琉球が積極的に貿易に乗り出す時期と同じ頃に登場しています。つまり対外貿易とともに舶来のオモチャが琉球にもたらされたのです。それまでの琉球に存在しなかった新たな娯楽は、人々にとって衝撃だったはずです。今でいえばゲーム機の「ニンテンドーＤＳ」や「Ｗｉｉ」が上陸して大人気になるような感じでしょうか。

舶来オモチャは経済的・時間的余裕のある富裕層を中心に広まっていました。当初は限られた権力者のみが楽しむことができる特権的な遊びだったのです。一方、庶民たちは農耕や納税、按司たちの労働にかり出されたりと、余暇を楽しむ余裕はほとんどなかったはずです。しかし磁器や土器・瓦などの廃材で作られた円盤状の製品が沖縄全域の一般的な遺跡から出ていて、これが庶民たちのオモチャで、お弾きや五目並べのようにして遊んだと考えられています。

戦乱の時代だった当時でも、人々は息抜きや癒しを求め「ひと時の余暇」をオモチャで楽しんでいたわけですね。

参考文献：上原静「考古学からみた沖縄諸島の遊戯史」（沖縄県今帰仁村教育委員会編『グスク文化を考える』）

赤瓦カッコワルイ

赤瓦は沖縄の伝統的な瓦で、首里城や古い民家などの歴史的な建物に使われています。現在でも「琉球的」な雰囲気を出すために、積極的に現代建築に採用されていますね。

この赤瓦に関して、最近首里城の発掘調査でおもしろいモノが発見されました。首里城の大奥に当たる御内原（おうちばる）という地点から、なんと黒く塗られた赤瓦がいくつも見つかったのです。

これは単に泥がついて黒く汚れていたのではなく、マンガンという黒色の鉱物がうわぐすり（釉）として塗られています。つまり、赤瓦をわざと黒くしているのです。これらの黒い赤瓦（？）は地層がかく乱された層から見つかっているので、いつの時代のものかははっきりわかりません。しかし赤瓦ができた歴史を考えてみると、この謎に対してある想定が可能です。

なぜ赤瓦をわざわざ黒く塗ったのか？

それは当時の人が赤瓦を「カッコ悪い」と感じていたからではないかと考えられるのです。琉球にはもともと赤瓦は存在していませんでした。高麗系瓦やヤマト系瓦など灰色や黒色の瓦しかなく、瓦自体もそれほど一般的ではなかったのです。近世（江戸時代）以前は首里城の正殿は瓦ぶきではなく、ヤマト風の板ぶき屋根でした。

それが近世の18世紀頃になると、琉球でも瓦ぶきの建物がどんどん造られていきます。瓦を大量生産しなくてはならなくなり、手間ひまをかけて製造することができなくなります。その結果、丁寧に焼いて造られる灰色や黒色の瓦ではなく、コストのかからない赤瓦がたくさん造られたのです。

つまり赤瓦は最初からそれを造ろうとして生まれたのではなく、いってみれば、粗製乱造の結果、生まれたものだったわけです。

現代の私たちは赤瓦を誇りある「琉球伝統」の美しい瓦だと考えますが、登場した当初、琉球の人々には非常に不恰好で粗悪なものに見えたにちがいありません。なにしろ灰色・黒色の瓦しかそれまで存在していなかったわけですから。

そこで困った人々はどうしたかというと、赤瓦をわざと黒く塗って、当時の人たちが考える「本来の瓦」のように見せかけたのではないかと考えられるのです。

やがて赤瓦は普及していき、黒く塗られることもなくなって琉球の風景のなかに溶け込んでいきました。黒瓦よりも赤瓦が一般的になり、カッコ悪いと感じる人がいなくなっていったわけです。

※写真は、喜名番所（読谷村）の黒瓦。多数の黒瓦が出土した発掘調査をもとに復元された。かつての「琉球伝統」瓦建物の姿をしのぶことができる。

※マンガン釉の赤瓦については、沖縄県立埋蔵文化財センターの山本正昭さんよりご教示いただきました。ありがとうございました。

参考文献：沖縄県立埋蔵文化財センター編『首里城跡―御内原西地区発掘調査報告書―』

琉球に土の城塞都市!?

琉球の城塞（じょうさい）といえば「グスク」と呼ばれる遺跡です。「グスク」というと、多くの方は世界遺産となった首里城や今帰仁グスク、勝連グスクなどの石灰岩の石積みで築かれたものを思い浮かべると思います。

しかし、これらの有名な遺跡はグスク全体のほんの1パーセントほどにすぎません。実はグスクは南西諸島に400以上あって、しかも石積みではない「土でできたグスク」もたくさんあるのです。

土でできた代表的なグスクといえば、桜で有名な名護グスク（名護市）。名護グスクを訪れた方は、グスクと呼ばれているのになぜ首里城のような城壁がないのか疑問に思ったかもしれません。実はそれは何も残ってないのではなく、名護グスクはもともと土でできたグスクなので、その跡がわかりにくいだけなのです。よく観察すると、山の尾根を断ち切って堀状にした跡や、造成された平場などが確認できます。

土のグスクはとくに沖縄島北部から奄美諸島にかけて分布しています。その構造は室町から戦国時代の日本でつくられていた中世城郭とよく似たものです。

この地域に土のグスクが多い理由は、城壁に使われる琉球石灰岩が沖縄島の中南部と比較してあまり多くないことが、そのひとつとして考えられます。しかし中南部に土でできたグスクが全くないわけではありません。

ところで皆さんは「琉球に土でできた城塞都市が存在した」と聞いたら、ビックリされるのではないでしょうか。しかもその規模は首里城よりも大きく、豪華だったとしたら？「そんなものあるはずない！」と一笑に付されるかもしれません。しかし、「それ」は確かに存在していました。既成概念を捨てて発想を変えることによって、これまでほとんど注目されてこなかった驚くべき事実が浮かび上がってくるのです。その正体とはいったい何なのか？

ここまで引っぱっておいて何ですが、その答えは次回ということで。

浦添グスク南側にある土でできた郭。盛り土によって人工的にグスクから突き出した丘をつくっている。

参考文献：沖縄県教育委員会文化課編『ぐすく　グスク分布調査報告（Ⅰ）』
當眞嗣一「いわゆる「土から成るグスク」について」（『沖縄県立博物館紀要』23号）

続・琉球に土の城塞都市!?

琉球にあった土の城塞都市とはどこなのでしょうか。驚くなかれ、それは那覇にあったチャイナタウン・久米村（くめむら）です。「中華街」のイメージが強い久米村ですが、実は古琉球の時代には土の城壁で囲まれた居留区だったのです。

15世紀後半（第二尚氏初め頃）の朝鮮王朝の記録には、琉球居住の中国人は「一城」を築き、そこに住んでいるとあります。

琉球に漂着した朝鮮人の証言には、滞在していた館のそばの「土城」に100余家があり、朝鮮人・中国人がここに住んでいて、建物は瓦屋根で内部は彩色された壮麗な建物ばかりだったとあります。この時期の首里城は板ぶき屋根です。中国人たちは王様よりも豪華な建物に住んでいたわけです。これらの「一城」や「土城」が久米村であることは間違いありません。

また久米村は「唐営」や「営中」とも呼ばれていました。「営」とは「とりで、めぐらす、しきり、境域」という意味があります。また「営中」は「陣屋・軍営のなか」という意味です。「営」は「住居」も意味しますが、「土城」があったとの証言から考えて、この場合はやはり何らかの「囲われた場所」を指しているとみたほうがいいでしょう。

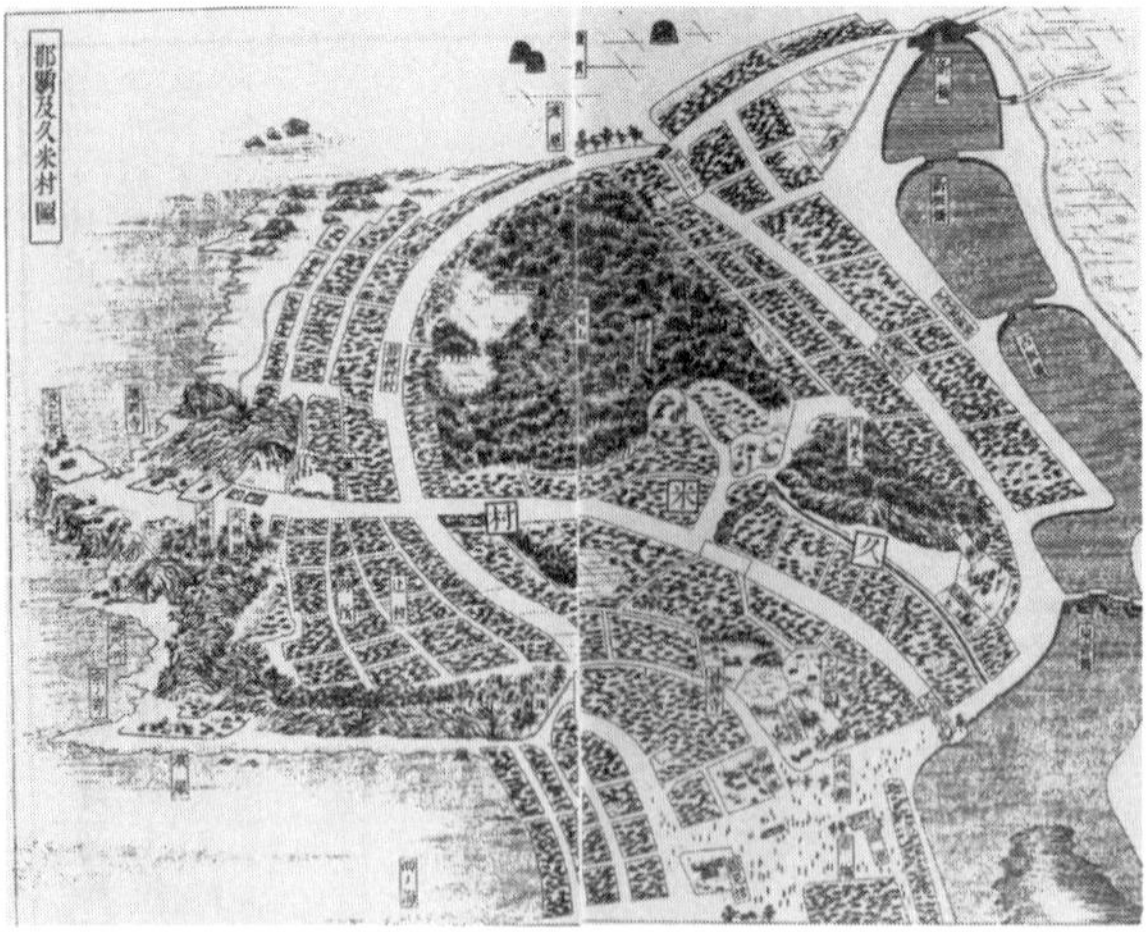

また1606年、琉球を訪れた中国の使節団に対して日本人（倭寇的な商人）たちが暴力沙汰を起こした際、琉球側は「営中」に使節団を避難させようとしています。つまり久米村は緊急時に避難して、外敵から身の安全を確保できるような場所だったのです。

1609年に薩摩軍が琉球に攻めてきた際には、琉球の軍勢は「久米村の城」に立てこもって防戦したとの記録もあります。

これらのことから、久米村が土の城壁で囲われた城塞的な性格を持っていたことはほぼ間違いないと思います。その規模も数千人が住む「久米村」の市街地を囲むことから、首里城より大きいものだったと推定されます。

現存していないので詳細はわかりませんが、おそらく中国の城郭都市や、秀吉の築いた京都の御土居（おどい）を小さくしたような感じだったのではないでしょうか。つまり「土の城塞都市」です。

この久米村の土の城壁ですが、近世（江戸時代）にはすでに取り壊されていたようです。もしかしたら一部が残っていたかもしれませんが、現在確認されたものはありません。残っていても戦争や都市開発などによって地形が大きく変わってしまい、誰にも気づかれずに消えていったかもしれません。それでも久米村あたりの発掘調査をすれば、土の城壁の遺構（版築など）がでてくる可能性もあります。

これまでの琉球史の「常識」でいけば、古琉球の久米村を城塞都市として見ることは考えにくいことです。しかし先入観を捨てて歴史記録を見ていけば、その可能性を指摘することは確かにできるのです。久米村の「土城」をどのように解釈するかは今後の課題ですが、もしかしたら調査が進んで久米村がグスク研究の対象になる日が来るかもしれませんね。

※図は、「那覇市及久米村図」（伊地知貞馨『沖縄志』）。

参考文献：夏子陽（原田禹雄訳）『使琉球録』、申叔舟（田中健夫訳）『海東諸国紀』
池谷望子・内田晶子・高瀬恭子訳『朝鮮王朝実録・琉球史料集成』

お風呂と琉球

日本人は風呂好きだとよく言われます。たしかに寒い季節にザブリと湯船に入って温まるのは気持ちのいいものですね。日本人の風呂好きは今に始まったことではありません。例えば面白いところでは、500年前の朝鮮の釜山には日本人の居留地（富山浦）があったのですが、この付近にあった東萊（トンネ）温泉に日本人たちがワンサカと出かけていき、彼らを運ぶため地元民と馬が始終かり出されて大変迷惑をしている、との記録があります。

一方、沖縄ではどうでしょうか。現在の沖縄には湯船がなく、シャワーだけ取り付けられている住宅がけっこうあります。亜熱帯地域の沖縄では熱いお湯につかる習慣はあまりなく、「湯船につかるよりシャワー」が沖縄の入浴の基本でしょう。気候条件にくわえてアメリカ統治時代の影響もあると思いますが、意外にも戦後の沖縄には数多くの銭湯があったようです（現在ではほとんど廃業して残っていません）。

王国時代にも共同浴場がありました。那覇西村の「湯屋」と呼ばれる場所です（今の真教寺付近）。戦前まで「湯屋の前（ゆーやーぬめー）」という地名が残っていました。この湯屋は、何と日本から渡来してきた上方（畿内方面）の人がつくったもの。時期も古琉球時代（中世）にさかのぼります。当時の那覇

円覚寺

は数多くの日本人が居留していました。おそらくこの湯屋は彼らのためのものでしょう。日本人は、やはりどこにいても風呂に入らないと気がすまないようです。

しかし、当時の風呂はただの入浴施設ではありませんでした。中世の日本では、入浴は「斎戒沐浴（さいかいもくよく）」というような身を清める宗教行為でもありました。日本の寺院では浴室がつくられて儀式とともに入浴が行われ、また浴室がお坊さんたちの会合の場にもなっていました。琉球でも中世の日本から禅僧たちがさかんに渡航していたので、禅宗とともに入浴の文化が持ちこまれたのです。

1494年、京都の禅僧・芥隠（かいいん）和尚によって建立された円覚寺にも浴室があったようです。しかし建て替えや改修が繰り返されていくうちに、円覚寺に浴室はやがて無くなってしまいます。最近行なわれた円覚寺の調査でわかったのは、寺院建築は日本のような七堂伽藍をそなえているものの、当然あるべき浴室が無く、かわりに井戸があったこと。以前、発掘関係者の話を聞く機会がありましたが、「高温多湿の沖縄では熱い湯に入浴するよりも水浴びのほうが好まれ、井戸を七堂伽藍の浴室に見立てて使ったのではないか」とのことです。

沖縄では湯船よりもシャワー。この文化は王国時代からそうなのかもしれません。

参考文献：村井章介『中世倭人伝』、国立歴史民俗博物館編『中世寺院の姿とくらし―密教・禅僧・湯屋―』
沖縄県立埋蔵文化財センター編『円覚寺跡―遺構確認調査報告書―』

入浴の決まりごと

王国時代、那覇西村にあった共同浴場の「湯屋」には、入浴の際の決まりがちゃんとあったようです。1680年（康熙19）に王府から風呂炊きの中村渠仁屋（なかんだかり・にゃー）に申し渡された通達が残っているので紹介しましょう。

（1）風呂に入る時間帯については、男は午後4時から8時まで、女は午後10時から。
（2）浴場ではどんな者でもマナーを守ってなるべく規律よく入り、大声でおしゃべりをしてはならない。
（3）皮膚病の者は入ってはいけない。もし後日発覚すれば厳しく罰する。
（4）風呂に入らない者が立ち寄って風呂の中を見物してはいけない。

琉球の浴場で特徴的なのは、男女別々に入浴していることです（1条目）。江戸時代の日本では入浴は男女混浴が普通で、風紀を乱すものとして後に禁止令も出されましたが、混浴は無くならずに明治の初め頃まで続いていました。琉球では入浴の時間帯をずらすことで男女別々の入浴をしていたようです。

また4条目は、要するに「のぞきは禁止！」ということ。風呂にも入らないのにゾロゾロとのぞきにくる者がたくさんいたということでしょうか。

法令は、ある問題の対策のために発されるもの。マナーを守らない人たちがいたからこそ、このような法令が発されたと考えていいと思います。

ところで、この法令が発されてから約２００年後、新聞の投稿欄「読者倶楽部」には次のような投稿が寄せられています。

泉崎某医者はこの間、才之神和泉湯で尻も洗わずして湯壷に入りおった、モウ少し公衆のために衛生を重んじたらどうだろう

（１９０６年6月24日『琉球新報』、ペンネーム：目撃生の投稿）

いつの時代でも、「マナーを守りましょう」が合い言葉になるようですね。

参考文献：『東恩納寛惇全集』6巻、『琉球新報』１９０６年6月24日

沖縄で豚をよく食べるのはなぜ?

代表的な沖縄料理の食材に豚肉があります。豚肉なしでは成り立たないほど沖縄料理に定着しているこの食文化、いつ頃からはじまったものなのでしょうか。

実は、豚肉はもともと沖縄の食文化ではメインの食材ではありませんでした。かつての沖縄でもっともよく好まれ、食べられていた肉は……なんと牛肉! かつて琉球料理の代表的な食材といえば豚肉(ポーク)ではなく、牛肉(ビーフ)だったのです。

沖縄は本土とはちがい、肉食をタブーとする文化は育ちませんでしたから、豚や牛だけでなく、山羊や馬、イノシシやジュゴンまで食べていました。その肉のなかでも牛肉は最上級の食材として位置付けられ、村々では冠婚葬祭にごちそうとして出されていただけでなく、牛皮も貢納品として王府に納められていました。この「伝統的」な琉球牛肉料理は、ある時期をさかいにほとんど無くなり、かわって豚肉メインの料理へと変わっていきます。それはなぜか。実はこの変化は、沖縄の歴史的な展開と密接に関わっていました。

牛は食用のみの目的で飼育されていたのではなく、田畑を耕す農耕用としても使われていました。近世(江戸時代)に入り、羽地朝秀の構造改革が行われてから、行事の際に牛をつぶして食べることが一切禁止されてしまいます。王府の農業振興策で農耕に役立つ牛が食べれなくなったのです。

さらに豚肉食が普及した直接の原因が、中国の使節団（冊封使節）が滞在する際の食料調達にあります。琉球に滞在する中国人たちの食料には大量の豚肉が必要でした。使節団は総勢400人あまり、長い時には250日間も沖縄に滞在しました。彼らの食料として、一日に20頭の豚を消費したといいます。250日間では何と5000頭です。

琉球ではこのぼう大な数の豚を調達することができず、奄美地域から緊急輸入して何とかやりくりしているような状態でした。そこで1713年、王府は中国使節団の来琉に備えて豚の増産に乗り出し、各地の村々に豚の飼育を強制的に行なわせたのです。同時期に沖縄各地に飼料として使えるサツマイモが普及したことも、豚の飼育を加速させる助けとなったようです。

こうして琉球の各地に豚の飼育が広まり、現在にいたる沖縄の豚肉料理が定着することになります。沖縄で豚肉をよく食べる習慣は自然発生的に生まれたのではなく、近世琉球の改革の過程で「上」から強制的に導入されたものだったのです。

とはいえ、琉球の庶民たちは豚肉をとても気に入ったようで、年に数度の楽しみであった豚肉が王府の養豚の制限で食べれなくなった時、「豚肉を食わせろ！」と各地の百姓5000人が抗議のために畑仕事を止めるストライキを行なったといいます。きっかけはどうであれ、豚肉は沖縄になくてはならない食材となっていったわけですね。

参考文献：金城須美子「沖縄の食文化―料理文化の特徴と系譜」（比嘉政夫編『環中国海の民俗と文化1』）

馬社会だった沖縄

最近になってようやくモノレールができた沖縄ですが、まだ鉄道などの輸送機関はなく、移動するにはもっぱら車です。戦前には軽便鉄道や路面電車がありましたが戦争で壊されてしまい、戦後の沖縄は自動車に頼る車社会となっています。

もうひとつ、戦争以前の沖縄で重要な輸送・移動手段となっていたのが馬でした。今でこそほとんど残っていない沖縄の在来馬ですが、かつては想像もできないくらい多くの馬が存在していました。戦前の統計によると、県内にはピーク時4万7000頭もの馬がいたといいます。沖縄は「車社会」ならぬ「馬社会」だったのです。この大量にいた馬は沖縄戦で3万8000頭が死んでしまいます（実に5頭のうち4頭が死んだ計算）。戦争の被害は人だけではなく、馬にまで及んだのです。戦後はアメリカからの輸入で2万頭まで回復したものの、社会の近代化・機械化の波で結局は減少し現在にいたります。

王国時代も馬は琉球の特産で、中国への朝貢品として硫黄とともに毎年送られていました。最盛期は三山の時代で、1年に110頭も送られたことがあります。さらに中国から直接買いつけにくる場合もありました。1383年には何と983頭の馬をいっぺんに購入し、中国へ持ち帰っています。

大量買い付けの理由は明朝が北方のモンゴルへの備えとして軍馬が必要だったと考えられていますが、いずれにせよ、琉球では一度に千頭を輸出できるぐらいの馬を飼育していたことがわかります。

これほど大量の馬をどこで飼っていたのでしょうか。実は読谷村と嘉手納町の境、比謝川と長田川に挟まれた場所に「牧原（まきばる）」という丘陵上の台地があるのですが、ここが王府直営の牧場でした。その広さは、何と25万８０００平方メートル（東京ドーム５・５個分に相当）。牧原には現在でも牧場を囲うための４、５メートルの人工の土手が残されています。この牧場の起源は不明ですが、古琉球にさかのぼる可能性もあります。

馬は輸出用だけでなく、農耕用やサトウキビの圧搾機をまわす動力源、また役人や神女（ノロ）の移動手段としても使われました。各村には馬場が作られ、年中行事に競馬（馬勝負）がさかんに行われ、娯楽としても親しまれていました。やがて馬場は道路や公園に変わりますが、馬場跡は現在確認できるだけで何と１９８ヵ所もあるそうです。今でも地方に行くと、集落内に大きくまっすぐな道路が見られる場合がありますが、それらはだいたい馬場跡であることが多いようです。

広大な牧場を駆ける数千頭の馬たち…想像もつかない沖縄の風景です。それが今では馬が車に姿を変え牧場が駐車場となり、馬場は車道になって、ヒトとモノがせわしなく行き来しているわけですね。

参考文献：西村秀三「馬場と馬勝負―沖縄における農村娯楽の一側面」（『沖縄文化』99号）
「歴史の舞台・『琉球』ロマンを訪ねて（32）」（「沖縄タイムス」２０００年12月16日）

これが元祖『御願ハンドブック』

近年の沖縄県産本のスーパーヒットといえば、『よくわかる御願《うぐゎん》ハンドブック』（ボーダーインク刊）。沖縄で古くから行われている年中行事や「拝み」の儀式をわかりやすく解説したマニュアル本です。この本の爆発的ヒットという現象は、伝統的行事や儀式がいまだに現代の沖縄社会のなかで生き続けていることを示しています。逆にマニュアル本の流行に「最近の若い者は御願のやり方もわからんくなったさ〜」というオジイ・オバアのなげきも聞こえてきそうです。

実はこの『御願ハンドブック』の大流行の約３００年も前、同じように琉球で御願のマニュアル本が流行したことがあります。そのマニュアル本とは、１７３８年に書かれた『四本堂家礼（しほんどう・かれい）』。これが元祖『御願ハンドブック』です。この本の作者は蔡文溥（さい・ぶんぷ）。またの名を祝嶺親方天章（しゅくみね・うぇーかた・てんしょう）といい、久米村出身の学者として有名な人物です。「四本堂」とは彼の別名で、『四本堂家礼』とは要するに「蔡さんの家の礼法」という意味なのです。

蔡文溥は清代初めての国費留学生として中国で学び、帰国後は国王の教師にまでなっています。そして彼は子孫の守るべきしきたりとして、自分の家で行われている儀式や慣習を中国古来の礼法を記した『朱子家礼』を参考にまとめたのです。その内容は冠婚葬祭や年中行事の礼法85項目からなります。

位牌の形式や供えものの種類、祭壇への配置の仕方まで図入りで丁寧に解説してあります。この『四本堂家礼』は蔡氏個人の家だけでなく、やがて王府の高官のみならず久米島や石垣までの士族の間にも広まり、琉球の士族全体の『御願ハンドブック』として活用されたのです。

現在、沖縄の人たちが行っている伝統的な年中行事には、この元祖ハンドブックが元になっているものが結構あります。例えば旧暦3月に行われる清明祭（シーミー）。

1768年に王家の墓・玉陵で行われたのが初めてとされていますが、実は、この40年前に書かれた『四本堂家礼』には清明祭の記述があり、蔡氏一門がすでに行ってたことがわかります。蔡家は琉球の御願の最先端をいっていたのです。

ただこの元祖のハンドブックには、現在拝みの対象になっていない神様もあります。それは「大和神」です。中国系久米村の家に何と神棚があって大和神（善興寺境内にあった天神）を祭っていたのです。さらにこの大和神は火の神（ヒヌカン）と習合していて、火の神はさらに「火神菩薩」とも呼ばれています。かつての火の神は台所のカマド神だけではない側面を持っていたようです。

中国で学んだ蔡文溥は、琉球の御願をより中国風にすべく元祖ハンドブックを書いたはずなのですが、それでも彼は大和神について何の疑問をいだくことなく、拝みの対象にしています。琉球が「中国化」する以前、中国系久米村においてすら文化は「純粋培養」されていたわけではなく、様々な要素が混ざり合っていたのです。

この元祖御願ハンドブックから140年後、王国末期に書かれたマニュアル本に『嘉徳堂規模帳（かとくどう・きもちょう）』があります。ここでは拝みの対象に大和神は消え、床の神と中国の文昌帝君が加

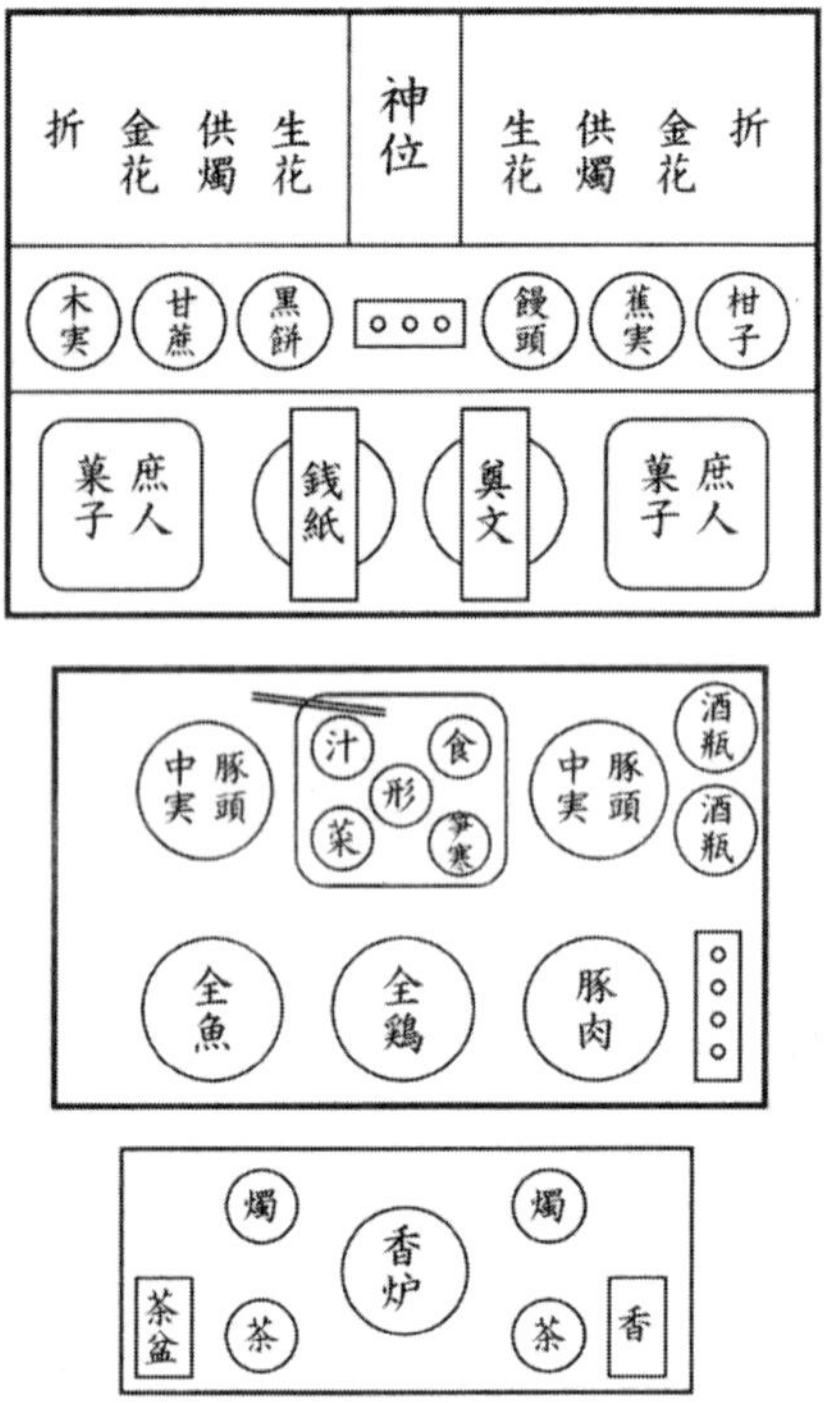

※図は『嘉徳堂規模帳』に記された位牌や供え物の配置図。

わり、より中国的信仰が濃くなっています。この本は現在伝わるしきたりのカタチに近いといえますが、それでもなお火の神は「火神観音」として観音信仰と結びついています。

このように御願は時代を経てだんだんと変わっていき、その中で生まれた慣習がマニュアル本によって琉球全体に広まっていったことがわかります。ただ、そこでも唯一変わらないものは、人々が幸せを願う「祈り」そのものであるといえるでしょう。

現代の『御願ハンドブック』は、人々の「祈り」の新しいカタチとして、これから次の時代へと伝えられていくのかもしれません。

参考文献：『よくわかる御願ハンドブック』
小川徹『近世沖縄の民俗史』

時計番はエライのだ

沖縄と時計といえば、まず思いうかべるのは「ウチナータイム」ですね。おおらかなのか怠惰なのか、約束の時間をキッチリ守らない〝沖縄時間〟のことです。王国時代には「ウチナータイム」はあったのでしょうか。今回は琉球の歴史と時間との関わりを紹介しましょう。

世界遺産・首里城の漏刻門付近には、王国時代に使われていた時計があるのをご存じでしょうか。この時計は太陽の光によって時間を計測する日時計。先の戦争で破壊されましたが、古写真や図面などをもとに2000年に復元されたものです。

この日時計が設置されたのは近世（江戸時代）の1744年のことです。日時計の導入を進めたのは、あの大政治家と呼ばれた蔡温。実は、首里城の門の名前（漏刻門）からもわかるように、蔡温による日時計の設置以前にも、ここには時計（漏刻器。水時計）が設置されていました。古い記録から1463年（古琉球時代）にすでに存在していたことがわかりますが、この時計はあまり正確ではなかったようです。

蔡温は西原の幸地村であらかじめ日時計の実験をおこない、5年間の観測の後に首里城に導入します。この時計によって、琉球では正確な時間が計れるようになります。しかし、時計の改革はこれだけではありませんでした。従来は下級役人に時間をはからせていたのを、何と黄冠（ハチマキの色が黄色。親雲上）クラスの役人に変更、しかも当番の半分は久米村（中国系移民）の士族に担当させるのです。

黄冠といえば今でいえば部長クラス。今までヒラ社員が行なっていた書類のコピーとかお茶くみのような仕事を、なぜわざわざ部長クラスの人間にさせたのでしょうか。また首里城の時計をはかる仕事に、なぜ那覇の久米村の士族たちをかり出さなければならなかったのでしょうか。

実は、蔡温による時計の改革は、単に時間測定の精度を技術的に高めて生活の向上に役立てることが目的だったのではありませんでした。その真の目的は、「支配者が自らの統治する世界の時間を掌握する」ことにありました。支配者はその世界を空間的に支配するだけでなく、時間も支配しなくてはならない、と当時の中国を中心とした東アジア世界では考えられていたのです。

例えば中国の朝貢国は必ず中国の年号を使わなくてはなりません。これは中国の元号や暦を使うことによって、中国皇帝が朝貢国の時間も「支配」すると考えられたから。時間をあつかうことは、現代の我々からは考えられないほど尊く、重要な統治行為であったのです。

蔡温はこの中国的な考えから見て、それまで「時間」をテーゲー（適当）にあつかっている琉球の状況を変えようとしたわけです。つまり今でいう意味とはちょっと違いますが、「ウチナータイム」を「チャイナタイム」、当時の「グローバルスタンダード」に変えようとしたと言えるのではないでしょうか。

中国的な価値観から時間を大事にしようとしたからこそ、時計番に部長クラスの役人と、中国文化の伝道者である久米村の士族たちを投入したわけですね。

参考文献：『球陽』、『那覇市史』通史篇1

消火ポンプを導入せよ！

沖縄にはまだまだ知られていない歴史の出来事がたくさんあります。今回は王国時代の消火ポンプ導入に関する話です。

今も昔も変わらないのが火事の恐ろしさ。今でこそコンクリート造りで火災報知機やスプリンクラーなど防火設備の整った家がたくさんありますが、かつての琉球の家は火事に非常に弱い木造住宅でした。しかも日常的に灯りや料理に直接火を使う危険な環境です。いったん火事になれば消すのは困難で、住宅が密集する都市部ではあっという間に燃え広がってしまいます。

琉球ではしばしば火災が発生して多くの民家に被害をもたらすことがありました。王府は住宅の密集する那覇などに防火用の池などをつくるなどの対策を講じますが、さらに1741年、「惣与方（そうくみほう）」と呼ばれる消防組織を新たにつくり、防災体制を強化します。

対策はこれだけではありませんでした。王府は翌年、何と当時最新鋭だった中国（清朝）の消火ポンプ導入をはかります。そのポンプの名前は「救火水龍（きゅうかすいりゅう）」。空気の圧力を利用して水を飛ばすしくみの手押し式ポンプだったとみられます。

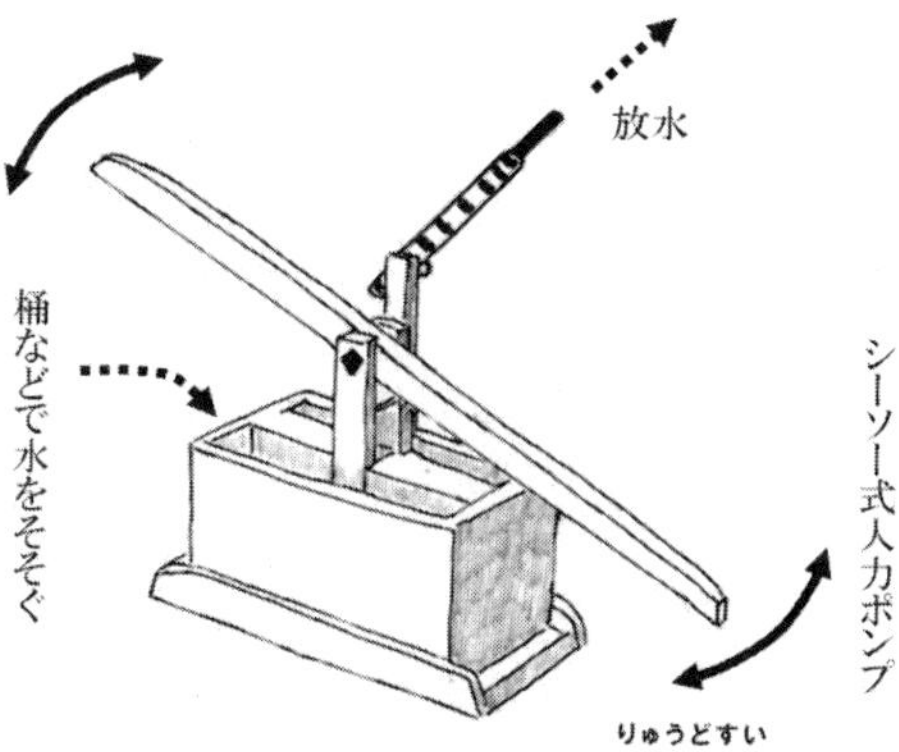
放水
シーソー式人力ポンプ
桶などで水をそそぐ

江戸時代の消火ポンプ「龍吐水《りゅうどすい》」

上図は江戸時代の日本で使われた「龍吐水（りゅうどすい）」と呼ばれる消火ポンプですが、「救火水龍」は基本的にこれと同じ構造のものだったと考えられます。

琉球は中国福建省で重さ約５００キロの大型ポンプを業者に発注、進貢船に載せて琉球へ持ち帰ろうとします。ところが、ここで予想しなかった問題が発生。この消火ポンプが中国の輸出規制にひっかかり、貿易監督官から告発されてしまったのです。

琉球は中国で様々な品物を売買していましたが、何でもかんでも琉球に持ち帰れたわけではありませんでした。当時の中国には輸出禁制品があって国外持ち出しが厳しくチェックされていました。消火ポンプが禁制品だったのでしょうか…？ いえ。そうではなくて、規制にかかったわけは、消火ポンプの水槽などに使われていた銅や鉄、鉛が国外への持ち出し禁止品だったからでした。

これは現代で例えてみれば、ゲーム機「プレイステーション２」が北朝鮮への輸出規制品になっているのと似たようなものでしょうか。規制は金正日にゲームをさせないことを目的としているのではなくて、ゲーム機内蔵の装置が軍事転用される危険性があるからです。消火ポンプの輸出規制は琉球の火事を消させないのが目的だったのではなく、銅や鉄などの金属類の国外流出を防ぎ、またこれらを材料で兵器製造をさせないためのものだったのです。

琉球側は火事の多い国内事情を説明し、ポンプ導入の許可を懇願します。消火ポンプを国外へ持ち出そうとするのは前代未聞の出来事だったらしく、中国側も困惑し、福建の地方政府では「一度例外を認めれば将来に禍根を残すことになりかねないが、琉球が従順な朝貢国であることから、今回にかぎって認めてはどうか」、と北京の乾隆帝におうかがいをたてます。琉球の消火ポンプをめぐる問題はついに中国皇帝の裁可をあおぐ事態にまでいたるのです。

さいわい皇帝はこれを許可し、最新式の消火ポンプは無事、琉球へもたらされることとなりました。琉球では消火ポンプの持ち出し許可に対して、「まことに琉球国王、および我が臣民が望外の皇帝陛下のお慈悲にふれることは、永遠に忘れがたきことでございます！」と答えています。たかがポンプ一つに感激しすぎなような気がしますが…。

すったもんだの末に導入された最新式の消火ポンプですが、実はヤマト（日本本土）の「龍吐水」導入より早く、言ってみれば、現在の「日本」で最も早く消火ポンプが導入された地域は沖縄、ということになります。琉球に導入された最新式ポンプがその後どのように使われたかは不明ですが、日本の防災史上、画期的な出来事であったのは間違いないでしょう。

参考文献：糸数兼治「救火水龍の導入について」（『歴代宝案研究』1号）

琉球王国の蒸気船

琉球王国の船といえば中国式の帆船（ジャンク船）。しかし、実は王国末期、琉球は西洋式の蒸気船を保有していました。〈琉球船＝ジャンク船〉の常識をくつがえす、知られざる歴史を紹介しましょう。

琉球王国の蒸気船の名は「大有丸（だいゆうまる）」。１８６８年、イギリスで製造された排水量６００トンの蒸気船です。排水量６００トンと言えば、幕末に勝海舟を艦長としてアメリカに渡航した咸臨丸と同じくらいの船です。この大有丸は１８７５年（明治8年、光緒元年）、日本の明治政府から提供されたものでした。この頃に描かれた那覇港の絵図には、この蒸気船を確認することができます。

大有丸はなぜ琉球王国の船となったのでしょうか。それは日本の近代国家が琉球の併合を進める動きと密接に関わっていました。明治維新を達成した日本の新政府は近代国家として領土の画定を急ぎ、琉球王国を版図内に組み込もうと動き出します。そのなかで１８７１年（明治4年）に起こったのが台湾遭害事件です。嵐で台湾に漂着した宮古島民ら54名が原住民によって殺害されてしまったのです。

明治政府はこれをきっかけとして、後に台湾に出兵して琉球人を日本国の属民であることを清朝に認めさせてしまいます。これと並行して政府は琉球の「国体」を永久に保持することを条件に（結局、裏切られますが）、王国を「琉球藩」とし、国王尚泰を「藩王」として華族に列します。

大有丸（「那覇絵図」沖縄県立図書館所蔵）

明治政府は、台湾で殺害された宮古島民の遺族や生存者らに米1740石（現代価値でだいたい4億7000万円）を見舞いとして送るとともに、蒸気船「大有丸」を琉球に提供します。政府は台湾での遭難の原因を嵐でも航海できる船舶がないからだとして、「海域を往来する琉球人民（日本国属民）を保護する」という名目で堅牢な蒸気船を送ったのです。王府はこの申し出を固辞しますが、結局受け入れます。

　この大有丸、当初は全て日本人の船員によって運用されていましたが、1876年（明治9年）には何と一部船員に琉球人を採用し、機械や蒸気機関の操作法を学ばせて、日本人と共同で船を動かすようになります。この3年後に王国は滅亡しますが、それまでの短い期間、琉球人の手によって動く蒸気船が王国内の海域を航行していたのです。

沖縄県となってからも、この大有丸は岩崎弥太郎ひきいる三菱の郵便汽船として使用され、南西諸島の各島を結ぶ航路に就航して、近代沖縄の輸送機関として活躍することになったのでした。

時代が変わる節目に突如として出現した琉球王国の蒸気船。琉球史上初めて近代蒸気船を操縦し、コバルトブルーの海を疾走した琉球人はいったいどんな気持ちだったのでしょう。

※米の価値の換算は磯田道史『武士の家計簿』（新潮新書）を参考。

参考文献：『沖縄県史』12、『球陽』、『那覇市史』通史篇2

空から金が降ってきた

琉球王国が編集した歴史書には「何だこれ？」というような不思議な出来事がたまに記されています。これらの歴史は知ってたところで特に役に立たないようなことなので、ほとんど注目されてきませんでしたが、よく調べてみると意外と面白い事実があったりします。

例えば琉球の正史『球陽』には、1855年、首里桃原村の新垣筑登之（あらかき・ちくどぅん）の家に、空から銅銭5貫850文（現代の価値でだいたい30万円）が降ってきたという記録があります。何と空からお金が降ってきたのです（！）

にわかには信じがたい事件です。歴史書の編集者はこの事件について「疑うに、これはキツネのしわざであろうか」とコメントしています。まさかキツネが金を降らせたはずはありません。普通に考えるとこれはウソの情報、または当時の迷信深い人による錯覚だと思うかもしれません。

しかし、事件の前後の記事を丹念に見てみると興味深い記述が見つかります。空から金が降ってきた事件と同じ年、豊見城で竜巻が発生して多くの民家や樹木をなぎ倒した、という記録があるのです。歴史書にはこの二つの事件が全く関連づけられずに記録してありますが、おそらく銭を降らせた原因がこの竜巻である可能性は非常に高いといえるでしょう。

つまり、豊見城で発生した竜巻はどこかの民家が貯めていた銅銭を巻き上げ、風に乗って首里付近に「金の雨」を降らせたと考えられるのです。そういえば最近の沖縄でも竜巻が発生していますね。2007年3月15日には読谷村で竜巻が発生して民家に若干の被害を及ぼしています。

思わぬ大金を手にした新垣筑登之がその後どうなったのか、歴史書には何も記されていません。それより30万円ものゼニを失った人はいったい誰だったのか、届け出た人がいたのかいなかったのかもわかりません。

このように、教科書に載るような歴史の裏には「どうでもいい事件」がけっこうあるのですが、ちょっとのぞいてみるのもなかなか楽しいですよ。

参考文献:『球陽』

コトバを超えて

国際化する現代社会。そこで必要とされているのは意思疎通をはかるための「言葉」だといえるでしょう。世界には様々な言葉があり、その人たちとお付き合いするためには、彼らが使う言葉を理解するか、あるいは共通の言葉をお互い知っていなくてはいけません。

かつての琉球王国は交易をなりわいとしていたので、様々な国の人たちとやりとりすることが必要でした。つまり他の国と商売し交渉するために通訳が必要だったのです。ウチナーグチ（琉球語）を一方的にしゃべったところで、相手は「?・?・?」ですからね。琉球の人々はどうしていたのでしょうか。

それには自分たちで外国語を勉強して通訳を養成するのが常道なのですが、それはコストもかかるし時間がかかります。交易がさかんだった古琉球の時代、実は沖縄には通訳養成を専門とする機関がありませんでした。最も国際化していた頃の琉球に通訳学校がない!?　にわかには信じられないかもしれませんが、まったく問題はありません。当時、琉球の港湾都市だった那覇にたくさんの外国人が住んでいたので、彼らを通訳として使っていたのです。

まずあげられるのが中国人の居留地だった久米村の人々。中国明朝や東南アジアへの使節団を派遣する際、琉球王府は彼らのなかから「通事（通訳）」を選んで一緒に連れていってます。東南アジアは当時たくさんの中国人がコミュニティをつくって定着していたので、中国語がわりと通用していたようです。

日本との交渉は琉球の禅宗寺院にいた日本僧や那覇の「日本人町」にいた日本人たちが通訳として活躍しました。例えば薩摩（鹿児島）の大名・島津氏との交渉の際、琉球使節の話す言葉を島津氏側は理解できなかったので、あいだに日本人の「筑殿（ちくどの）」と日本僧が入って通訳した、という記録があります。

また豊臣秀吉をビックリさせた我那覇親雲上秀昌（がなは・ぺーちん・しゅうしょう）という人物は（『目からウロコの琉球・沖縄史』コラム「秀吉もビックリ、ウフチブル我那覇」参照）祖父が日本僧で、祖母・母もみんな日本人でした。つまり彼は日系の家に生まれ育ち、日本語がペラペラだったのです。そして外国での交易品買い付け係や「大和通事（日本語通訳）」となっています。おそらく彼は那覇の「日本人町」の住人だったのでしょう。

自前で通訳を養成するより、ウチナーグチが理解できる外国人を手っ取り早く通訳として雇い、活用するのはとても合理的な方法です。通訳業務に限らず当時の琉球は「アウトソーシング」をすることに非常に長けていました。琉球の繁栄の原動力はここにあったといっても過言ではありません。

一方で、外交・交易を行う相手側の国々は、自前で琉球語の通訳を養成していました。中国明朝では福建省に「土通事（どつうじ）」と呼ばれる琉球語を話す中国人がいて、代々家業を継いでいました。例えば泉州のイスラム教徒だった林親子が琉球語通訳をしていたことがわかっています。

また朝鮮王朝でも当初は琉球語を理解できる者が全くいなかったので、１４３７年（第一尚氏の時代）、倭学生（日本語を学ぶ生徒）に琉球語も学ばせた、という記録があります。遠い昔、異国の地で必死にウチナーグチを学ぶ人たちがいたのです。「アガー！」とか「シムサ」とか「ジンムッチョーミ？」とかいう言葉が学校から聞こえてきたはずですね。

参考文献：上里隆史「古琉球・那覇の「倭人」居留地と環シナ海世界」（『史学雑誌』114-7）
王連茂「泉州と琉球」（『琉球―中国交流史をさぐる』）、『朝鮮世宗実録』

塩をくれ！

沖縄の塩といえば「シマ・マース（島の塩）」。沖縄の豊かな海からつくられたミネラル分を多く含む天然の塩は健康食品ブームに乗り、今や県産の人気商品となっています。海が近くにある沖縄では、太古からさかんに塩をつくっていたと思うでしょう。しかし事実はそうではありません。王国時代、沖縄では塩をつくれず、しかも海外から塩を輸入していたとしたら？そんな話信じられない‼と思う方もいるかもしれませんが、いったいどういうことなのか説明しましょう。

近世（江戸時代）、琉球が海外から塩を輸入していたのは事実です。塩の製造は全く存在しなかったわけではありませんが、本格的な製塩は１６９４年、那覇の泊付近にある広大な干潟（潟原。かたばる）で、那覇泉崎に住む宮城という百姓が薩摩藩（鹿児島）の弓削（ゆげ）次郎右衛門という人物から製塩法を学び、生産を開始してからです。百姓はこの功績で「塩浜」という名と士族の身分を与えられました。現在も沖縄にいる塩浜という姓は、「浜で塩をつくる人」という意味だったんですね。

このように那覇を中心に塩の大量生産が開始されたのですが、琉球の全ての地域がそうだったわけではなく、八重山では製塩を全く行っていませんでした。ではどうやって塩を入手していたかというと、八重山にやってくる薩摩商人から塩を買っていたのです（！）。琉球が薩摩の支配下に入ってから薩摩・琉球間の流通は薩摩商人が独占していました。彼らは藩から許可を得て琉球各地の島へ渡り、また琉球が薩摩藩に納める税（年貢）の運送請負もやっていたのです。

薩摩商人は様々な商品とともに八重山へ塩を持って行き、八重山の人はボッタくられても買わざるをえませんでした。塩は人間が生きていくうえで必要不可欠なものです。八重山の人は現地の米と交換されましたが、そうすると王府へ納める米が少なくなってしまいます。そこで王府は八重山での塩の生産に乗り出します。王府は八重山の農民を集め、海水を炊いて塩をつくろうとしますが、農作業が忙しい時には人手が足りなくなり、うまくいきません。さらに各地の村々からは製塩の反対願いが出されます。新たな労働徴発で負担が増したことにくわえ、塩を炊くために樹木を伐採しなければならず、不満が出たのです。また八重山では海水を炊くと災いが起きるという伝承があったらしく、みな製塩をやりたがらなかったようです。

困った王府、今度は燃料を使わない天日干しの製塩法を八重山で実行しますが、これまた雨が降るとそれまでの作業が全て水の泡になってしまうため採算がとれず、中止されてしまいます。雨がよく降る気候では、この製法は向かなかったようです。結局、各村のナベを使い塩を炊く方法でホソボソと製塩が続けられたようですが、島内の需要をまかなうまでにはならず、王府によって再三の増産指示が出されています。

つまり、王国時代の八重山では鹿児島産の塩が使われていたわけですね。何ともおかしな話ですが、今でこそ簡単に手に入る塩、昔は生産に大変な手間がかかり、貴重品だったということがわかります。

参考文献：仲地哲夫「近世における琉球・薩摩間の商品流通」（『九州文化史研究所紀要』36号）

酔って轟沈、騒いで大酒

ウチナーンチュ（沖縄人）はとにかく酒に強いと言われます。実際、体質的にアルコール分解が早い人が多いようです。沖縄では何かにつけて飲み会が開かれるなど、お酒は身近な存在。飲酒運転の検挙者数も18年連続ワーストワンという不名誉な記録まであるほどです。

お酒と沖縄は切っても切れない関係なのですが、今回はお酒にまつわる歴史の話を紹介しましょう。琉球人の飲酒についての最も古い記録はいつ頃でしょうか。それは何と１４２２年。古琉球時代（日本では室町時代）の尚巴志が即位した年に当たります。記録は京都にある東寺（教王護国寺）の「東寺百合（ひゃくごう）文書」のなかに残されています。

１４２２年の9月26日、琉球人の使節が上京し、東寺の鎮守八幡宮にある宮仕（みやじ。下級の社僧）の部屋を借ります。そこで琉球人たちは何と宴会を始めてしまうのです。ところが宴会が終わった後、琉球人の一人が病気になってしまいます。占いを行ったところ「神さまのおとがめじゃ！」と出たので、そこで東寺は病気回復の祈願をするため、宮仕の五郎三郎（ごろうさぶろう）という人物に1貫３００文（約10万円）のお金を渡し、鎮守八幡宮で神楽（かぐら）を舞わせるように命じたのです。

琉球人たちは慣れない気候の土地でドンチャン騒ぎの宴会をして体調をくずしてしまったのでしょ

うか。神聖な神社のなかで大騒ぎしたとなれば、神様のタタリと思われてもしかたがありませんね。ところがお金を渡された五郎三郎、神楽代に300文だけを払い、残りの1貫はフトコロに入れてしまいます。要するに着服です。結局この行為はバレて、さらに部外者に部屋を貸したことが違法だったために五郎三郎はクビになってしまうのです。

もうひとつは1575年(天正3年)、薩摩の戦国大名・島津氏のもとを訪れた琉球の使節団。この時の外交交渉は島津氏が琉球へ圧力を加え、様々な条件を強要する厳しいものだったのですが、琉球使節は宿舎でやっぱり酒宴を開いていています。島津側は琉球人の飲みっぷりを「ことのほか大酒」と評しています。宴会は「じゃひせん(蛇皮線。三線)」を弾き、琉球の楽童子(小姓)による歌や太鼓もある大変にぎやかなものとなりました。最後はカチャーシーだったかどうかは定かではありませんが(笑)、緊張した外交関係のなかでも琉球人は三線と酒は忘れなかったようです。琉球は交渉で負けても酒飲み勝負は圧勝だったということでしょうか。まるで現代のウチナーンチュを見るようで、彼らの姿がありありと想像できますね。

参考文献：佐伯弘次「室町前期の日琉関係と外交文書」(『九州史学』111号)、『上井覚兼日記』

流された江戸っ子

江戸時代には罪を犯した人たちに対して「遠島」という罰がありました。遠い辺境の島へ追放してしまう刑罰、いわゆる「島流し」です。琉球も多くの島々で成り立っていた国なので、流刑は一般的な罰でした。

あまり知られていない事実ですが、琉球は江戸時代の日本にとっての流刑地にもなっていました。琉球は１６０９年に薩摩藩に征服されて以降、日本の幕藩制国家のなかに組み込まれます。そこで琉球は隠岐や八丈島、長崎五島などとともに、最南端の流刑地となっていたのです。

たとえば琉球を征服した薩摩軍の副将・平田増宗の息子は藩内の勢力争いに敗れ、罪を着せられ勝連間切（現在のうるま市勝連）に流されています（１６３４年に処刑）。また１６７８年、江戸京橋の大工、五兵衛の甥の長太郎が罪を犯して琉球の越来間切の石川村（現在のうるま市石川）へ流刑となり、江戸湯島の吉左衛門も羽地間切（現在の名護市）の源河村へ預け置かれています。彼らは二人とも江戸へ帰ることなく、琉球で一生を終えています。

このように、罪を犯した江戸っ子たちが琉球へも流されていたのです。１７０６年の人口調査では、琉球の総人口15万５０００人あまりのうち、日本からの流人が５名（男性のみ）いたという記録があります。総人口からするとほんのわずかな人数ですが、たしかに彼らは琉球に来ていたのです。流人は逃亡して現地にまぎれこまないよう、額に入れ墨をしていました。なので琉球の人々は、ひと目見ただけで彼らがヤマト（日本本土）からの流人だということがわかったはずです。

入れ墨は江戸時代、一般的に行われた刑で窃盗犯などに適用されたようですが、この場合は島流しの付加刑としてなされたようです。入れ墨刑は各藩によって異なっていて、例えば「悪」の文字や十文字、一度罪を犯すごとに「犬」の字を一画ずつ額に加えていく例などがあります。入れ墨はまた前科者の証明ともなっていました。

彼ら江戸っ子が琉球でどのような暮らしをしていたのか、あずけられた琉球の村の人々とどのような交流があったのかは不明です。数が少なすぎたので、琉球全体の「記憶」としては残らなかったのかもしれません。しかし、せっかちと言われる江戸っ子が、南の島のノンビリ適当（てーげー）な琉球の人々とドタバタ劇を演じていたかもしれないと想像すると、ちょっと面白いですよね。

参考文献：真栄平房昭「近世日本の境界領域」（菊池勇夫・真栄平房昭編『近世地域史フォーラム1　列島の南と北』）

あとがき

前作『目からウロコの琉球・沖縄史』では、成り行きから僕が文章だけではなくイラストも担当することになりました。絵を描くのは高校の美術の授業以来で、大した準備もなく急ごしらえで作ったものばかりだったのですが、これが予想外の好評で、今回は少しだけ準備をして僕の専門分野である「古琉球」の一部をビジュアル化してみました。

日本史には中西立太さんという有名な歴史イラストレーターがいて、様々な日本の歴史をビジュアル・図解化しています。彼の作品を読んでいくうちに「琉球の歴史でもこんなふうにビジュアル版を出せないかな…」と考えていましたが、このたび実現の運びとなりました。もちろん僕はイラストの素人ですから中西さんとは比べものにならないほどお粗末なレベルです。でも、下手な絵も味があると思ってどうか許してください。

本書の後半部分にある歴史コラムも前作同様、僕の運営するインターネット上のブログ「目からウロコの琉球・沖縄史」(http://okinawa-rekishi.cocolog-nifty.com/tora/)の記事をもとにしたものです。何の脈絡もない、思いついたままの内容ばかりですが、とりあえず「目からウロコが落ちる」内容ということでまとまっていると思います。琉球・沖縄の歴史はまだまだ面白い事実がたくさんあります。これからもブログで記事を書き続けますので、よろしければご覧ください。

前作に続けてボーダーインクの新城和博さん、今回も本の刊行に尽力してくださり感謝いたします。

著者

上里隆史（うえざと・たかし）

1976年生まれ。琉球大学法文学部（琉球史専攻）卒業、早稲田大学大学院文学研究科修士課程修了。早稲田大学琉球・沖縄研究所客員研究員。

主な著作・論文
『目からウロコの琉球・沖縄史』（ボーダーインク、2007)、『琉日戦争一六〇九』(ボーダーインク、2009)「琉球王国の形成と展開」(『海域アジア史研究入門』岩波書店、2008)、「琉球那覇の港町と「倭人」居留地」（小野正敏・五味文彦・萩原三雄編『考古学と中世史研究3　中世の対外交流』高志書院、2006）ほか多数。

たるー

〈琉球の歴史〉ビジュアル読本
誰も見たことのない琉球

二〇〇八年六月三十日　第一刷発行
二〇一三年一〇月三〇日　第五刷発行

著　者　上里　隆史
発行者　宮城　正勝
発行所　(有)ボーダーインク
沖縄県那覇市与儀二二六－三
電話〇九八－八三五－二七七七
FAX〇九八－八三五－二八四〇
www.borderink.com

印刷所　でいご印刷